「データの活用」の授業

小中高の体系的指導で育てる統計的問題解決力

お茶の水女子大学附属学校園
連携研究算数・数学部会
編著

東洋館出版社

はじめに

　統計教育は本来は算数科，数学科の科目だけで行うものでなく総合的にいろいろな教科科目で行われるが，そのための知識や技能は，数や図形，さらに，変化と関係，確からしさの基礎・基本を学ぶ算数・数学で学ぶのが適切であると，考えられ，70年ほど前からの初等中等教育で実施されている。

　近年，データの分析やそれに基づく意思決定の重要性が社会的に増していることから，広くその基礎・基本を知り，応用，活用する力，思考力・判断力・表現力を世間一般の人々に身につけてもらう素地の教育を算数・数学科で強化しようと，新学習指導要領で統計教育の充実が謳われている。

　小学校からデータの分類，グラフの読み取り，作成などから始まり，データの傾向をつかむための代表値の求め方や意味，グラフの特性や用い方を知り，目的に応じたデータの収集，分類整理を行い，傾向をつかみ，意思決定等に使えるような力を，中学校，高等学校段階で伸ばして行きたいものである。

　お茶の水女子大学の特色の1つとして，大学及び附属学校園が同一キャンパスにあり，距離的には教員同士が集まりやすい環境にある。とはいっても時間的には大学，附属学校それぞれの時程があり，皆多忙であり時間調整は大変である。そこで，十年程前から部会を立てて，予め毎月1回ずつは部会を開けるように毎年度の初めに日程を決め，連携研究ができるようにしている。

　算数・数学部会では，各教員の授業実践や試験問題，学習指導上の問題点など，さまざまな情報交換，議論をしてきたが，この2年ほどは，統計教育に焦点を当てて，重点的に取り上げてきた。本書は，附属学校に関わる教員の，統計教育等についての授業実践，情報交換や議論した結果を元に編集したものである。教育課程全般にわたること，小学校，中学校，高等学校での授業実践と校種間の接続への注意が含まれており，統計教育の現場で役立つことを願っている。

（真島秀行）

もくじ

はじめに……………………………………………………………………………… 1

もくじ………………………………………………………………………………… 2

第1章　算数・数学教育における統計教育

算数・数学教育における統計教育 ………………………………………………… 6
統計教育と数学的活動 …………………………………………………………… 14
統計教育と社会とのつながり …………………………………………………… 22
統計の授業づくりに向けて ……………………………………………………… 28
小中学校の「データの活用」の学習内容の一覧 ……………………………… 40

第2章　学校種別「データの活用」の授業

[小学校]
　幼稚園から小学校へ…………………………………………………………… 44
　小学校算数科の新しい内容…………………………………………………… 46
　授業例1　小学校第1学年　かたちのなかまわけ……………………… 50
　授業例2　小学校第2学年　表とまるのグラフ………………………… 56
　授業例3　小学校第3学年　表と棒グラフ……………………………… 62
　授業例4　小学校第3学年　さまざまなデータの活用………………… 68
　授業例5　小学校第4学年　二次元の表………………………………… 74
　授業例6　小学校第4学年　グラフの見方……………………………… 80
　授業例7　小学校第5学年　測定値の平均……………………………… 86
　授業例8　小学校第6学年　柱状グラフと代表値……………………… 92
　コラム　　総合的な学習と統計（小学校）……………………………… 98

[中学校]

 小学校から中学校へ……………………………………………………… 100
 中学校数学科の新しい内容……………………………………………… 102
 授業例9 中学校第1学年 度数折れ線と相対度数 ………… 104
 授業例10 中学校第1学年 累積度数 ………………………… 110
 授業例11 中学校第1学年 相対度数と確率 ………………… 116
 授業例12 中学校第2学年 箱ひげ図 ………………………… 122
 授業例13 中学校第3学年 標本調査 ………………………… 128
 コ ラ ム 総合的な学習と統計（中学校）……………………… 134

[高等学校]

 中学校から高等学校へ…………………………………………………… 136
 授業例14 高等学校数学Ⅰ データの相関 …………………… 138
 授業例15 高等学校課題学習 統計的推測 ……………………… 144
 高等学校から大学等へ…………………………………………………… 152
 コ ラ ム グローバル人材と統計教育 ………………………… 154

おわりに…………………………………………………………………………… 156

参考文献一覧……………………………………………………………………… 157

執筆者一覧………………………………………………………………………… 159

第1章
算数・数学教育における統計教育

算数・数学教育における統計教育

■新学習指導要領の中の「Dデータの活用」
―小・中・高等学校を通じて設定された領域―

　初等中等教育を社会の変化に対応させるために，学習指導要領の改訂がほぼ10年毎におこなわれている。文部科学大臣から中央教育審議会へ平成26年11月に諮問があり，初等中等教育分科会教育課程部会の下に置かれた各学校部会，科目等のワーキンググループが平成27年から28年度にかけ議論を重ね，それらの審議のまとめを受けて，平成28年12月21日に答申が出された。学習指導要領等の改善及び必要な方策等が示され，それを受けた形で，平成32年度からの小学校学習指導要領算数編，平成33年度からの中学校学習指導要領数学編が平成29年3月に公示されている。平成34年度からの高等学校学習指導要領数学編，理数探究も平成30年3月には公示予定である。他の教科同様に，「資質・能力の育成」の観点から，算数・数学科で育成すべき「知識・技能」，「思考力・判断力・表現力」，「学びに向かう力」を記し，生徒が「主体的・対話的な深い学び」をできるように指導すること，さらに，小中高通じて「データの活用」領域を設定し，統計教育を充実することが謳われている。

　『小学校算数科では，「データの活用」に関係する内容として，データを分類整理することや，表やグラフに表すこと，相対度数や確率の基になる割合を学習している。また，それらを活用して，日常生活の具体的な事象を考察し，その特徴を捉えたり，問題解決したりすることに取り組んで』いくことになり，『中学校数学科では，小学校算数科における学習の上に立ち，不確定な事象が数学的な考察の対象となることを理解して取り扱うことができるようにする』（文部科学省，2017d，p.54, 56）とのことである。

　教育課程部会の算数・数学ワーキンググループ平成28年8月26日の審議

のまとめの資料8にある「小・中・高等学校の統計教育のイメージ，内容等，整理」によれば，「高等学校（必履修）統計的に分析するための知識・技能を理解し，日常生活や社会生活，学習の場面等において問題を発見し，必要なデータを集め適切な統計的手法を用いて分析し，その結果に基づいて問題解決や意思決定につなげる。データの収集方法や統計的な分析結果などを批判的に考察する。」とのことであり，具体的なデータの扱いを体験させるような授業展開が望まれる。

　小学校からのデータの収集，グラフの読み取り，作成などから始まり，データの傾向をつかむための代表値の求め方や意味，グラフの特性や用い方を知り，目的に応じたデータの収集，分類整理を行い，傾向をつかみ，意思決定等に使えるような力を，中高段階で伸ばして行きたいものである。

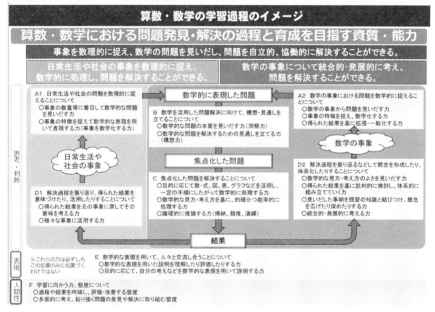

図1　算数・数学の学習過程のイメージ（詳細版）
（算数・数学ワーキングにおける審議のまとめより引用）

■数学的な見方・考え方

　中央教育審議会答申（平成28年12月21日）別添4－3「算数・数学の学習過程のイメージ」という図が2枚あり，1枚目をより詳しく育成を目指す資質・能力を書き込んだ2枚目を示しておこう（図1）。

　このような学習過程の例として（統計の話題ではないが）「油分け算」を教材として説明しよう（真島，2005, pp.69－73）。

　吉田光由の『塵劫記』（寛永8年版，1631）の中に「あぶらはかりわけてとる事」，後に「油分け算」といわれる次のような趣旨の問題がある。

　「一斗（十升）入りの桶に油が一斗入っている。七升枡と三升枡を用意して，一斗桶と七升枡にそれぞれ五升ずつに油を分けたい。どうすればよいか。」

　特殊な設定であるが，「日常生活や社会の事象」の問題として，小学校の算数的な知識でも理解でき，$10 \div 2 = 5$，$10 - 7 = 3$，$10 - 3 = 7$，$7 - 3 = 4$，$7 - 5 = 2$，$5 - 3 = 2$などの引き算（知識・技能）を使いながら，「一つの容器に10の量があり，7の量の容器，3の量の容器を使って5の量を得る」というように数理的に捉えること（図1のA1）をし，実際に試行から始めてもよいし，どのような操作をしたか忘れぬようそれを次のような表にしてみる数学的な活動もあるだろう。それから新たな数学的な考えも浮かぶだろう（図1のD1）。

表

回数	0	1	2	3	4	5	6	7	8	9	10
10升桶の油量（升）	10	7	7	4	4	1	1	8	8	5	5
7升枡の油量（升）	0	0	3	3	6	6	7	0	2	2	5
3升枡の油量（升）	0	3	0	3	0	3	2	2	0	3	0

　塵劫記には手順を一つだけ示してあるだけなので，それを知った後に別の手順を見つけることとしてもよいし，初めから数学的な扱いを考えるというところから入ってもよい。

　「数学的に表現した課題」としての取り上げ方（図1のA2）は，少なく

とも2つある。

（1） 3つの容器の各量を a, b, c とすれば，a+b+c=10, という abc 空間内の平面の不等式で定められる部分 $0 \leq a, 0 \leq b, 0 \leq c \leq 10$ の部分（図2）を，$a \leq 3, b \leq 7$ に制限した部分（図3）の上の整数点の移動で点（10, 0, 0）から点（5, 5, 0）への移動をどうすればよいか考えること（図1のB）になる。その図を bc 平面に射影し c の等高線を入れた図を使う方法（図1のC）もある（ツイーディーによるグラフを用いた解法）。

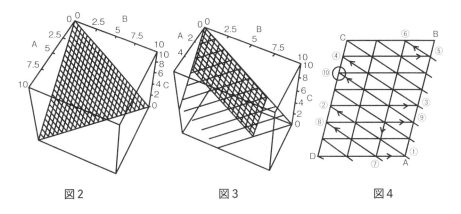

図2　　　　　　　図3　　　　　　　図4

（2） 枡の使用回数を符号も含めて考え，3升枡の使用回数を x，7升枡の使用回数を y として，10升枡の中の油の量が5となるという方程式 $10+3x+7y=5$ を考えて，この整数解を利用して，手順を考えること（図1のB）ができる。

塵劫記の解法から $(x, y)=(-4, 1)$ がこの2元1次不定方程式の1つの解であるあることがわかる。あるいは，ユークリッド互除法を7と3に適用して，$7=3\times2+1$ だから（この式を5倍して）（10, -5）が1つの解であることがわかる。（同次方程式 $3x+7y=0$ の解を使い）他の解は k を整数として（10$-7k$, 5+3k）だから，特に（3, -2）がある。3升枡と7升枡のどちらも使っていない状態は，点（0, 0）に対応する。そこから，$10+3x+7y=0$ と $10+3x+7y=10$ の2直線の間の領域内で，点（-4, 1）という整数点まで移動

することを考えると（図1のC），

(0, 0) → (−1, 0) → (−2, 0) → (−3, 0) → (−3, 1) → (−4, 1)

となり，これが塵劫記に記載されている解答に対応している（図1のD1）。

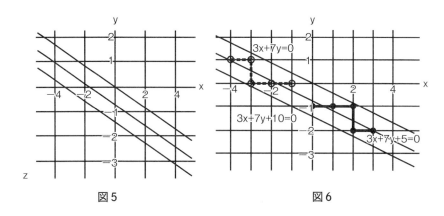

図5　　　　　　　　　　図6

点 (0, 0) から，領域内を通って点 (3, −2) という整数点まで移動することを考えると，

(0, 0) → (0, −1) → (1, −1) → (2, −1) → (2, −2) → (3, −2)

となり，これが2つ目の解に対応している（図1のD1）。このように解法を振り返り別解を考えるなどすることが「深い学び」（図1のD2）となる。

塵劫記の油分け算では，3と7とが互いに素であることが重要である。他にcの量があり2つの素数b，aの量の枡で等分することが可能か，というような問題が解決できるかどうか発展的な課題も考えられる（図1のD2）。予め2通りの「数学的に表現した課題」を示したが，一方をまず発想し，問題解決を振り返って他方の問題解決法を発想し深い学びになるということも考えられる。

中教審答申では，「数学的な見方・考え方」とは「事象を数量や図形及びそれらの関係などに着目して捉え，論理的，統合的・発展的に考えること」と説明しているが，「油分け算」を例にとれば，上のような捉え方，発展的

な考え方となると思う。

■これまでの学習指導要領等を概観すると

　江戸時代に発展した和算ではなく，西洋数学による学校教育制度を明治5年に導入した。はじめは，ガイドラインに沿って書かれた教科書により教授されたが，教科書事件が起こり，教授（條目）要目が定められ，それに従って書かれた国定教科書により明治終わりから第二次世界大戦直後までの教育が行われた。小学校では第四期国定教科書（緑表紙）の1939年，1940年年発行の第5，6学年と，それに引き続く戦中の1942年の中学校・高等女学校で教授要目の改訂があり，中学校教授要目で次のような統計に関わることがようやく取り上げられた。それまでは歩合等くらいに留まっていた。

　尋常小学算術
　・第五学年　上　雨量と気温
　・第五学年　下　火災の統計
　・第六学年　上　小学生の体位　水の使用量　伝染病の統計
　・第六学年　下　農林水産業の生産　工業の生産　人口

　中学校
　・第一学年　〈第一類〉
　　統計処理　日常卑近な事項に就き統計的に考察する態度と的確なる処理を為す能力を養う
　　統計資料の蒐集と整理　種々の指数と率　歩合
　　という項目があり，
　・第四学年　〈第一類〉
　　個数の処理　有限個のものを分類処理する能力を養う
　　順列　組み合わせ　確率　二項定理
　・第五学年　〈第一類〉

統計図表の考察　統計図表に対する考察を深め実験式に関する処理に及ぶ
度数分布　平均と偏差　相関関係　実験式

　戦後の平成 20 年改訂学習指導要領までの統計部分については，詳しくは書かないが，ほとんどの時期には統計の内容が入っていたが，平成 10 – 11 年の改訂で，統計部分が減り中学校段階で消失し，平成 20 – 21 年の改訂で復活，高等学校の必履修科目の数学に「データの分析」が入って，平成 29 年改訂に繋がっている。平成 20 年改訂学習指導要領までは，主に学習内容を定める形式であったが，今回は，資質・能力の育成という観点からまとめられ，指導法にも踏み込んでいる。

■統計学の本質

　学問分野として，統計は数学的な扱いの部分が数学に属するものであり，統計自体は数学の部分ではない。しかし，統計もデータが数字で与えられることが多く，算数・数学的な扱いが多くあり，学校教育段階では，独立した教科でなく数学科の部分として教えられている。
　数や図形，変化や関係に関わる数学の部分では，問題の解決の際には，上に説明した「油分け算」の解決のように，確かで明確な形式で解が出るのに対して，統計での話では不確かさがあり，その不確かさを確率というものを使って補うことにより科学的になっていることに注意されたい。
　すなわち，統計学の本質が次にあることを認識しておくことも必要であろう（統計関連学会連合理事会，同統計教育推進委員会，2009, p.3）。

　　統計学の考え方の大きな特徴は，その科学的な推論の第一段階において，帰納的推論を行うことにある。すなわち，与えられたデータに基づいて，仮説やモデルのいくつかを選び出す規則を作り出すことである。さらに，そのような規則によって特定の仮説が選ばれたときの不確実性

の程度を計算し，誤った決定の割合または誤りによる損失を最小にするような規則を見つけ出す（不確実性の数量化）。この後者の過程，すなわち，問題を最適な決定を行う問題として定式化してしまった段階からは，演繹的推論に基づいて確率計算や数理的な解析を行うことになる。このように，統計学の本質は，帰納的推論の中に演繹的論理の過程を導入することにより科学的な結論を導く点にある。

■算数・数学，統計学の応用に際しての注意
―結果を批判的に見てよく吟味してから使う―

　日常生活や社会の事象を条件等をある程度捨象して数学化し，数学を使って問題解決し，日常の事象に戻る際，必ずしもそのまま答えとなっていないこともあり吟味が必要である，あるいは，近似的な解であるなどと解釈する必要があることに注意しなくてはいけない。結果を鵜呑みにしないで批判的に見たり，捨象した条件が本当にはずしても大丈夫なのか，計算機に計算させたときに内部処理で数値が変になっていないか，など注意を払わなくてはいけない。0に近い値と0であることは違うし，関数が「極限的に0である」ことと「本当に0である」こととは違うのである。

　算数・数学は多くの場面で応用できるはずであり，数学的に正しいことから論理的に推論を重ねて導かれる結果は正しい，のであるが，その結果を使う人の判断は注意深く行わなくてはならない。

（真島秀行）

統計教育と数学的活動

■数学的活動

　小・中・高等学校の算数科・数学科において数学的活動の充実は一層求められている。図1は，中央教育審議会で示された「算数・数学の学習過程のイメージ」である（中央教育審議会初等中等教育分科会教育課程部会算数・数学ワーキング・グループ，2016）。図の左側の【現実の世界】は「日常生活や社会の事象の数学化」の過程すなわち「日常生活や社会の事象を数理的に捉え，数学的に表現・処理し，問題を解決し，解決過程を振り返り得られた結果の意味を考察する，という問題解決の過程」と，図の右側の【数学の世界】は「数学の事象の数学化」の過程すなわち「数学の事象について統合的・発展的に捉えて新たな問題を設定し，数学的に処理し，問題を解決し，解決過程を振り返って概念を形成したり体系化したりする，という問題解決の過程」を表している。

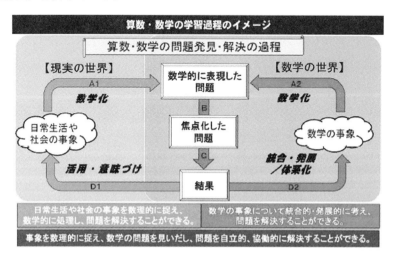

図1　算数・数学の学習過程のイメージ図

テレビドラマの一場面に，戦国時代の合戦における武功を評価するために次のようなくだりがある。

「長篠の合戦の論功行賞に手を焼いていた家康に，万千代は武功を表にして整理することを提案する」（NHK，2017）

実際の映像では，縦軸に申し出者が所属する地域名をとり，横軸に武功の大小がわかるようにとり表形式にしたものに，提出された書状を適した位置に配置し判断をしやすくしたもので演出されていた。ドラマではあるが，統計的な見方・考え方を用いる数学の有用性が示されている。すなわち，直面した問題について統計的に解決できる問題にし，整理するという基本的手法を利用し，判断し決定するための資料になったのである。この例では時代劇であるので，学習によって獲得された資質・能力ではなく，特別な人間の発想・技能として重要視されたが，今日においては，広く誰でもこのような力を必要な場面で発揮できることが求められる。教育への期待は大きい。

この過程を図1のイメージ図で見ると，「日常生活の事象」として武功が書かれた書状が提出され，評価・判断することが求められるが，整理されていないため判断が困難である。その煩雑さを解消するために，表を用いた「数学化」で数理的に捉えることができ，「問題を解決する」にいたる左側のサイクルの例と捉えることができる。

中学校数学科において「Dデータの活用」領域では特に重視するものとして「日常の事象や社会の事象から問題を見いだし解決することや，数学の事象から問題を見いだし解決すること，またその過程で数学的な表現を用いて説明し伝え合うこと」があると示されている。と同時に数学的活動の楽しさを実感できるようにすることが求められている。これは小・中・高等学校で共通である。

■多数回の試行（サイコロ振り）から統計的確率を考える数学的活動

先に述べたように「Ｄデータの活用」領域の学習においても，他領域と同様に，数学的活動を実現させることが重要である。

ここでは，中学校第１学年での統計の学習を踏まえて中学校第２学年で確率を学習する導入場面で，目の出方に偏りのある正六面体のサイコロを使って，統計的確率から起こりやすさの傾向を読み取る数学的活動を例に考える（大塚，2016）。

日常事象の確率を考える学習で，「サイコロを多数回振って目の出方を見てみましょう」と課題を提示して活動をさせようとすると，「どうせ目の出方が６分の１になることをやらせるんでしょ」のような生徒の反応が予想される。なぜ６分の１になると思い，サイコロを実際に振る活動を冷めた目で考えるのだろうか。これまでのサイコロを使ってのゲーム，例えばすごろくやボードゲームなどで「正しく作られた」サイコロを用いた経験をもとにしているからである。目の出方に偏りのあるサイコロを使ったことがないからであり，固定観念の最たるものである。

図２　自動サイコロ振り器

表１　図２の装置で 100 回振った結果例

目	10	20	30	40	50	60	70	80	90	100
1 回数	1	2	0	2	0	5	2	1	1	3
累積度数	1	3	3	5	5	10	12	13	14	15
相対度数	0.1	0.15	0.1	0.13	0.1	0.17	0.17	0.16	0.16	0.15
2 回数	2	2	2	0	0	2	2	2	3	0
累積度数	2	4	6	6	6	8	10	12	15	15
相対度数	0.2	0.2	0.2	0.15	0.12	0.13	0.14	0.15	0.17	0.15
3 回数	2	0	3	1	0	1	1	1	3	0
累積度数	2	2	5	6	9	9	10	11	12	15
相対度数	0.2	0.1	0.17	0.15	0.18	0.15	0.14	0.14	0.13	0.15
4 回数	2	2	1	2	3	0	3	0	2	2
累積度数	2	4	5	7	10	10	13	14	16	18
相対度数	0.2	0.2	0.17	0.18	0.2	0.17	0.19	0.18	0.18	0.18
5 回数	2	2	1	3	3	1	1	3	0	1
累積度数	2	4	5	8	11	14	17	19	19	20
相対度数	0.2	0.2	0.17	0.2	0.22	0.23	0.24	0.24	0.21	0.2
6 回数	1	2	3	1	1	1	1	2	3	1
累積度数	1	3	6	8	9	10	11	13	16	17
相対度数	0.1	0.15	0.2	0.18	0.17	0.16	0.16	0.18	0.18	0.17

まず,「サイコロを正しく振る」とはどのようにすることだろうか。図2は,「自動サイコロ振り器」で,ボタンを押している間電動式で底面が回転し5個のサイコロが振られるものである。これは人の手が触れることなく,振り方も公正と見なせる。実際に100回振った結果を示すと,表1のようになった。

表1の相対度数を見ると,目の出方には偏りがないことがわかる。

本稿で示す生徒の数学的活動として行う指導内容の概要は,見た目は全く区別がつかない「目の出方に偏りのあるサイコロ」(図3)を用意し,多数回の試行をすることで,統計的確率を考察する例を示す。

図3　実験に使ったサイコロ

サイコロの条件を示すと,8個1組でそのうちの2個が「正しく作られた」サイコロ,他の6個のサイコロが,特定の目を出しやすく細工されたサイコロである。これら8個のサイコロは見た目には区別がつかない。なお,このサイコロを用いた授業は大塚(2016)で報告されている。

■育てたい主な資質・能力

多数回の試行の結果をもとにして,不確定な事象の起こりやすさの傾向を読み取り表現すること(D(2)イ(ア))

■授業の展開例

用意するもの：見た目で区別できない正しく作られたサイコロと偏りのあるサイコロ,電卓,記録用紙

□学習指導案

生徒の学習活動	指導の手立てや留意点
課題提示	・目の出方に偏りのあるサイコロであることは伝えずに，サイコロを配付。
サイコロを100回振り目の出方を観察する実験をしましょう。結果から，1から6までの目の出る確率を考えてみましょう。 ・振り方を考えましょう ・出た目を記録する工夫をしましょう ・実験から目の出る確率を考えてみましょう ・振ってみてわかったことをまとめてみましょう ・試行回数を増やすためにはどうすればよいでしょうか	
2人1組で100回の試行方法を考え実施	・2人の役割分担 ・サイコロの振り方記録方法についてのアドバイス ・確率を考える方法をアドバイス

□活動の実際

　表2は，偏りのあるサイコロを，実際に手で投げて100回振って記録と相対度数を求めたものである。この表からも，明らかに特定の目（この場合は5の目）が他に比べ，突出して多いことが分かる。しかし，この結果から目の出方の確率は考えられないとしてしまわずに，「このようなサイコロでも目の出方の確率を考えることが出来ないだろうか」と新たな疑問へと発展できる。

表2　100回振ったの記録例

目	10	20	30	40	50	60	70	80	90	100
1										
回数	0	0	1	2	0	0	2	3	1	2
累積度数	0	0	1	3	3	3	5	8	9	11
相対度数	0	0	0.03	0.08	0.16	0.05	0.07	0.1	0.1	0.11
2										
回数	0	1	0	0	1	0	1	0	0	1
累積度数	0	1	1	1	2	2	3	3	3	4
相対度数	0	0.05	0.03	0.03	0.04	0.03	0.04	0.08	0.03	0.04
3										
回数	1	2	0	2	3	1	1	2	2	0
累積度数	1	3	3	5	8	9	10	11	13	13
相対度数	0.1	0.15	0.1	0.13	0.16	0.15	0.14	0.14	0.14	0.13
4										
回数	1	0	2	1	1	0	0	2	2	2
累積度数	1	1	3	4	5	5	5	7	7	9
相対度数	0.1	0.05	0.1	0.1	0.1	0.08	0.07	0.06	0.08	0.09
5										
回数	正7	正5	正4	正5	正3	正7 8	正6	正5	4	正4
累積度数	7	12	16	21	24	32	38	43	47	51
相対度数	0.7	0.16	0.53	0.53	0.48	0.53	0.54	0.54	0.52	0.51
6										
回数	1	2	1	1	2	1	0	0	1	1
累積度数	1	3	4	5	7	8	8	8	9	10
相対度数	0.1	0.15	0.13	0.13	0.14	0.13	0.11	0.1	0.1	0.1

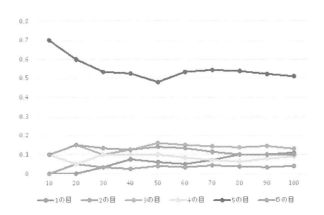

図4　偏りのあるサイコロを振った相対度数のグラフ

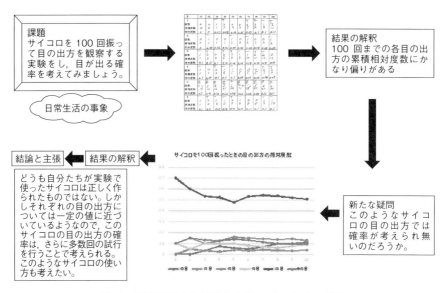

図5　課題設定から結論と主張までのイメージ図

　相対度数についてグラフ化すると（図4），60回あたりを越えたところから，5の目の出方の相対度数はほぼ一定の値を保ちはじめる。これは統計的確率を考察する上で値として十分意味をもつものと考えられる。

　これらの学習過程は図5のような「日常の生活の事象について，調査を行いデータを集めて表やグラフに表し，分布の傾向を把握し，問題解決することができる」のイメージ図のように表すことができる。実際には，図5のように一方向に進めることのみでなく，行きつ戻りつしながら進めることになる。

　図5の最後の「結果の解釈」と「結論と主張」では，このようなサイコロについての利用価値についてどのように考えるかを，それぞれの結果をもとに考察することで，考えの広がりをもつことができる。

　このような実験・観察を通して子どもたちへの投げかけとして，「さらに回数を増やすにはどのようにすれば良いだろうか」としたときに，「ふつう」のサイコロを振る実験をしたときには，みんなの結果を合わせればよいとい

う考えを持つ生徒もいるが，今回のような「ふつうでない」サイコロでの実験の後ではそれぞれの結果を足し合わせることは意味が無いことがわかる。

■まとめ

　本稿では，数学的活動についての考え方と，「Dデータの活用」領域における統計の基本的な知識・技能を用いて数学的活動を行う際の学習過程のサイクルの実際について述べた。数学的活動とはどのような学びであるのかを児童生徒が自覚し，その方法を学ぶ必要がある。この段階を経て，その後の学習において数学的活動を主体的に行うことができると考えている。

（加々美勝久）

統計教育と社会とのつながり

■統計教育の有用性

　多種多様な情報が氾濫する時代を迎え，その中から正しい情報かつ必要な情報を選択し，適切な判断を行い，意思や行動決定に活かす能力を養うことが求められている（渡辺，2007）。小中学校の学習指導要領の改訂を契機に統計教育の重要性が確固たるものとなった。統計に対する知識や活用能力が，国民としての基本的素養であると位置づけられたと言える。

　しかし，教わる側の立場を思うと，なぜ統計や確率について学ぶのか，社会のどこでどのように使われているのかを知らずして勉強する気にならない者も多いと思う。マーケティングや品質管理に関する仕事，アクチュアリーなどは統計との深い関係をイメージしやすいだろう。いわゆる理系分野以外においても経済学や心理学の分野では特に統計的手法が駆使されている。学校現場では題材として，世論調査や景気指数，平均寿命や出生率，偏差値，降水確率，くじ引きなど様々なものが取り上げられているが，小中高生が身近に感じ，かつ教材として有効な事例を探すのは，教師にとってご苦労が多いことと想像する。筆者自身（専門は衣工学・生活機能材料であり，本書の執筆者で唯一算数・数学を専門としていない），子ども時分は，「箱の中から出てくるボールが赤でも白でも別にどちらでもいい」くらいに思っていたし，自分一人では世の状況を左右できないのに景気の行く末を予測する意義も感じられず，統計の分野の学習に対してあまり熱心に取り組まなかった反省がある。今思うと，データを精密に分析しつつも，そこからの意思決定や表現の部分には主観が入る場合が多々あり，その辺りは算数・数学で扱う他の分野と性格を異にし，面白みのある所でもあると感じる。興味関心を引く教育，社会での有用性を感じられる教育が求められよう。

■生活の中の統計
—統計と過ごす一日—

　例えば，具体的に日常生活に寄せて統計との接点を感じてみるとする。

　朝起きる。規則正しい生活をしている人は定時に起床できるだろうが，なかなかそうもいかない。睡眠時間や残業時間等と相関はあるだろう。朝食を用意する。食材を見渡す。農水産物などの生産量や自給率，食品の輸出入量や消費量はデータがとられ，管理されている。塩分摂取量が多い地域は統計的に生活習慣病になりやすいそうなので，薄味にしておく。朝食を食べながらテレビを見ると本日の株価や昨日のプロ野球の結果，天気予報では「降水確率30％，折り畳み傘が御守です」とのこと。荷物が増えるし職場までは降らないだろうと判断して御守は置いていくことにする。代わりに〇カ月間飲み続けると体脂肪が減ると宣伝している特保のペットボトルを御守にバッグに入れる。顔を洗うために水を出す。水の使用量のデータは蓄積され，ダムからの放出量の調整，浄水場の管理が行われているはずである。歯の健康は健康寿命との相関が高いから，念入りに磨きつつ，今日はどの服を着ようか考える。服のサイズ設定も統計で決まっている。十何年毎の年代別大規模測定により日本人の標準体型が定められ，それを基にJIS規格が更新される。出掛けに資源ごみの日だったことに気付く。ビンと缶を指定の場所に置きに行く。リサイクル率は服に比べると格段に高いが，100％ではない。

　ようやく家を出る。コンビニに寄って昼食を調達する。レジで客の（見た目の）年齢や性別を入力しているという。購入した商品やその日の天候などと共にデータ処理され，過不足ない商品の入荷量を決定する判断材料となったり，売れ筋商品の開発などに利用されたりするそうだ。最寄り駅までには，戸建てやマンション，公園や店舗もある。人や交通の流れを把握しデータに基づいた街づくりをしなければ，都市計画としての成功はなく，災害時のリスク管理をも問われるだろう。朝から統計のことを考えていたら，遅くなってしまった。慌てて駅まで走り，電車に飛び乗る。乗降客の少ない駅だからか，すぐドアが閉まる。各駅の乗降者数や，構内や電車内の人の流れな

どのデータから，停車時間だけでなく駅構内の構造や空間設計，電車のドアの数やサイズまで検討されている。ところで女性用車両に乗る女性は乗客全体の何％程度だろうか……，紙面の都合上，この先のシミュレーションは各人に委ねたい。

　ここで述べたいことは，どの人の生活にも統計は身近に関わっており，生活全般に役立っている，ということである。その一方で，実際は誰もが統計という代物を正確に理解しているわけでもなく，統計の示すことの如何にかかわらず何となく行動を決めたり，場合によっては根拠のない不安感を抱いたりすることもあるだろう。統計が身近で広範囲に関わることを実感するために，児童・生徒に上のように当たり前の生活の中から，統計に関係する事柄を数多く拾わせてみるのはいかがだろうか。

　新課程において統計教育が重視されることになった。具体的に統計に関する技術や知識を教えるという点では算数・数学に内包されるかもしれないが，教科で言えばその範疇を超えて理科や社会科，生活科・家庭科などの領域にも関わる分野である。算数・数学科の授業で敢えて他教科の教科書や副教材を持ってこさせてデータ活用するのも面白い。今後は単元や学校種間で分断しない教育や，他教科との横断的指導，総合的な学習がより必要になると思われる。算数・数学教育の単一分野によって「問題解決能力」や「科学的探究能力」を育成し，果てはよりよく生きること云々にまで引き上げていくのは，到底手に余りそうな壮大なテーマであると思われるからである。

■「批判的に考察する」

　平成29年小学校および中学校学習指導要領において，統計処理されたデータから情報を読み取り，分析，判断する過程で「批判的に考察する」という表現が使われ，その重要性が強調されている。

　テレビ番組の視聴率が低いと，その数には録画や再放送で視聴した数は含まれていないことを理解せずに，不人気だから面白くないとみなしたり，ごく少数のデータだけ示されたグラフの下に非常に小さい字で「個人差があり

ます」と書いてある健康食品の効果を鵜呑みにしたりする，といったように，安易に誘導されずに冷静に的確な判断をせよ，ということであろう．例えば溶液の濃度が％で示されたとき，それが質量パーセントなのか体積あるいはモルパーセントか，また，製品のシェアが金額ベースなのか重量ベースなのか，生産数ベースなのか，など，意味することが異なるのに，曖昧なイメージで理解したつもりになってしまうこともよくあることである．

　以前，ある番組で問題となった事例を思い出す．日米における国民の経済格差を扱ったテーマで，画面の左半分に日本，右半分にアメリカのグラフが配置されていた．各々国民上位1％の富裕層（A）と下位90％（B）の平均所得の年間推移を示したものである．解説は，アメリカはBが横ばいなのに対し，日本はBが急激に下がってAとの開きが進んでいる，つまり経済格差が大きくなっている，このままでは日本が危ない！　という方向に結論付けたかったのだろう．しかし，よく見ると縦軸の目盛の間隔が日本はアメリカの4倍以上に拡大されており，横軸の年数にもずれがあったのである．「批判的に見た」視聴者が早速，両軸を等しくした"正しい"グラフをwebにアップしたり，嘘の解説だの，情報操作だとSNSで拡散して"炎上"したりしていた．

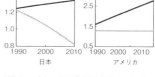

図1　軸の目盛幅が異なるグラフ間での比較イメージ
（黒線：A［上位1％］灰色線：B［下位90％］）

　ここで番組として問題だったのは，数値的根拠でなく折れ線間の見た目の距離をもって解説し，あたかも日本での格差がアメリカのそれより顕著に大きくなっているように結論したことである．データ自体を改ざんしたわけではなく，グラフそれぞれは間違っていない．ただし，並べて解説するには不適切な表現であり，視覚的にも誤解を招きやすく，さらに論理的でない解説が合わさったことで，騒ぎとなったに過ぎない．この時の解説の是非はさておき，データの示し方やデータの読み方により，印象操作や誘導という危険が発生する可能性を知ることは，統計教育の上で重要であると思われる．

ところで「批判的に」という表現について，相手を攻撃する否定的なイメージをもたれることがある（楠見，2013）。筆者も，本来意図する意味合いは理解しているものの，専門外であるためか感覚的には正直少々引っ掛かる。用語としての定義が一般にも広く浸透することを望む。

■表計算ソフトの功罪

　次に，自らデータを収集し，統計的に処理，整理し，分析した結果を他者に的確に伝達しようとする場合について述べたい。

　筆者は過去大学等で，理数系分野の得手不得手様々な学生を相手にしてきたが，基本的なところでつまずく学生がおり何度も驚かされた。例えば，担当した衣服材料学や染色加工学などの実験・実習レポートではグラフの種類としては，棒グラフか折れ線グラフ，散布図程度で事足りることが多いが，グラフを書けない学生が意外と多かった。手書きの場合，用紙の大きさに対して軸の目盛を適切に打てずはみ出たり，縦横のアスペクト比が不格好だったり，データが重なり過ぎて読み取り困難だったり，そもそも縦軸と横軸に何を置いたら良いのか戸惑う学生もいた。

　PCでExcelを用いて表やグラフ作成すれば，一見これらの出来なさを便利にカバーできるようにも思えるが，やはりそう簡単にはいかない。例えば，化学実験において経時的に5，15，30，60，120……（分）のデータを取り，Excelでグラフをかかせる場合，グラフの種類として折れ線グラフを選択すると横軸が等間隔でプロットされ，測定間隔が正しく反映されない。散布図を選択してプロットしてから，必要に応じて直線でつないだり近似曲線を引いたりする操作をしないと，求めるグラフは得られない。しかし，データ選択をして一瞬の操作でグラフもどきができてしまうので「批判的に考察する」こともせず，何となく理解した気分になってしまう。プロット間をつなぐか否か，そこに連続的な意味があるかなどの議論以前の問題である。

　中には，少し変だとは感じつつも「PCでかいたから合っているはずだ」と，妙な信用を主張する学生もいた。グラフらしい形ができてしまうと安心

し，そこから分析し解釈するに至らないので誤りに気付くチャンスを失う。おそらく前項で例に挙げたテレビ番組の件も，個々のグラフをスタッフが作成した際，データの最大値を考慮して自動的に軸の範囲が設定されたはずである。見栄え良く自動作成された，軸の異なる2枚のグラフをそのまま並べてしまったのだと推測する。よく理解して使用しなければ，文明の利器も弊害となってしまうということである。

統計教育においてもICTの活用は推奨されている。作業効率の向上や情報共有の観点からも有効であり，利点が大きいことは明らかである。しかし，手書きで小中学校レベルのグラフを書けない者がソフトを用いても正しいグラフに辿り着かないし，そのデータが意味する内容を理解できない。基礎を学ぶ小中学校の時点で，ある程度の手作業を経験し実感を持つことは，ICTの活用が進んでも変わらず必要であろう。

■統計と未来

日常，社会生活を送る上で必要な統計的な能力は，義務教育である小中学校の学習内容の範囲でほぼ満たすことができると考える。強固な土台があり，学校間で連携を深め，能力の積み上げがあれば，高校での統計教育に繋がり，その後の社会人としての生活に活きるはずである。はじめは地道に着実に積み上げ，その後に加速度的に伸ばすような教育が有効であろう。

統計は，過去から未来を予測する材料，または過去のデータを基に次の意思決定をする材料となるという。算数・数学科における学習内容の中でも実学に近い印象がある。基礎的知識をもったうえで，正しく適切に活用できなければ意味がない。PPDACに当てはめるならば，PPDまでが適切に行われることの大切さは言うまでもないが，データが存在するというだけではそれは単なるモノである。続くACに進んで，データ（モノ）を活用するという目的をもった時，はじめて課題解決能力育成のための材料として機能し，統計教育が社会に寄与することができると考える。統計を深く学んでいくこれからの子どもたちの未来に期待したい。

（雨宮敏子）

統計の授業づくりに向けて

■統計的問題解決の過程

　児童生徒の統計的問題解決能力を育成するためには，児童生徒が目的意識をもって統計的問題解決の過程を実体験することが大切である。その過程のモデルは国や団体，研究者によって多様に報告されている。ここでは，我が国でその理解が広がりつつある統計的問題解決のサイクル「PPDAC」について概説する。

　PPDACとは，統計教育の先進国の1つであるニュージーランドで推奨されている統計的問題解決の過程を単純化して表したモデルで，次の5つの相（Phase）からなる（Wild & Pfannkuch, 1999）。

☐ Problem（問題）

　直面した問題が統計的に解決できるかどうかを判断したり，統計的に解決できる問題に焦点化したりする。

☐ Plan（計画）

　設定した問題を解決するために，どのようなデータを誰からどのように収集するか，データをどう表現するか，どう分析するかなどを計画する。

☐ Data（データ）

　計画に基づいてデータを収集し，表に整理する。また，不要なデータがないかどうか検討する。

☐ Analysis（分析）

　収集したデータを表やグラフで表し直したり，統計量を求めたりして，データの傾向を分析する。

☐ Conclusion（結論）

　分析した結果を組み合わせて，問題に対する結論を導く。よりよい解決に向けて，新たな検討課題を見いだす。

PPDAC は，総務省統計局ホームページで図1のように表されているが，あくまでモデル図であり，実際の活動は極めて複雑で，一方通行的なものではない。また，学年段階の発達によって自ずと遂行できるようになるものでもない（藤原他，2015；塩澤他，2016）。

図1　PPDAC サイクル
（総務省統計局「なるほど統計学園高等部」）

では，PPDAC について，中1の実践事例「単純作業を能率的に行うにはどうすればよいか」（藤原，2012）を基に解説する。

□ Problem

家庭での漢字練習など単純作業を能率的に行えなくて困る具体的な場面を紹介し，「単純作業を能率的に行うにはどうすればよいか」についての問題意識をもたせる。問題を作業環境に焦

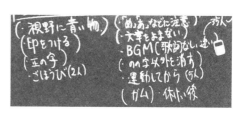

図2　生徒が挙げた要因

点化し，単純作業に影響を与えると予想される要因を多様に挙げる。その中から「テンポの良い BGM を流すと単純作業が能率的に行えるだろう」という仮説を立てる。

□ Plan

文字情報だけの A4 判テキストから制限時間内に「の」の字を数える実験「のの字テスト」を，「BGM を流さない場合（普通）」と「BGM（曲「夏祭り」）を流す場合」の対照実験として行うことに決める。実験で用いる2種

類のテキストは，同じ筆者・作品の文章（国語科の教科書の付属 CD-R から貼り付け）とする．3分間でテキスト中の「の」の字に印を付けて数える．個人で数えた「の」の字の個数をテキスト中の全ての「の」の字の個数で割った百分率の値を「個人のデータ」とするなど，実験方法を計画する．

☐ Data

「BGM を流さない場合（普通）」と「BGM（曲「天国と地獄」を流す場合」とで対照実験を行い（図3），2つの集団のデータを収集する。他より極端にかけ離れた値（外れ値）がないかを検討する。

図3　ラジカセから BGM を流しながら対照実験を行う様子

☐ Analysis

「BGM を流さない場合（普通）」と「BGM（曲「天国と地獄」）を流す場合」という2つの集団のデータをヒストグラムで表す。比較しやすいように度数折れ線に表し直して重ね（図4），分布の違いを調べたり，平均値等を求めてその差を求めたりして分析する。

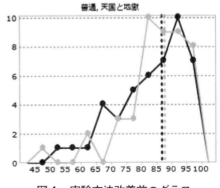

図4　実験方法改善前のグラフ

☐ Conclusion

図4から2つの集団の分布の形，平均値にほぼ違いがないことから「テン

ポの良いBGMを流しても単純作業は能率的に行うことができない」と一旦結論付ける。その上で，外れ値の存在やその原因に改めて目を向け，BGMを曲「夏祭り」に変え，「制限時間内には『のの字』に印を付け，その後で個数を数える」と実験方法を改善して，再度実験を計画し試みる。

このように，本実践では，よりよい解決に向けて方法を改善して実験したところ，グラフは図5のようになり，大きな違いが見られた。このことから生徒は，中学生なりにではあるが，「テンポの良いBGMを流すと単純作業が能率的に行うことができる（可能性が高い）」と結論付けた。

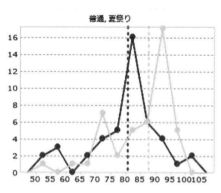

図5　実験方法改善後のグラフ

■取り上げる教材

(1) 教材のデータ

児童生徒が統計的問題解決に意欲的に取り組むためには，児童生徒の関心をその問題にどれだけ寄せられるかが大切である。したがって，「単純作業」の実践のように，何らかの目的に沿って実際に調査・実験をして児童生徒が収集したデータを扱うことが望ましい。実際に実験や調査を実施した一連の活動は，PPDACのProblem（問題）やPlan（計画）の相を重視することになる。これは，従前の「柱状グラフで表しなさい」「相対度数を求めなさい」などといった，単なる「資料の整理」にとどまる指導を超えた取組への第一歩である。一連の活動では，このProblem（問題）やPlan（計画）の相での見通しが特に重要であり，結果としてConclusion（結論）の相での振り返りの質に強く影響を与えると考えられる。

一方で，毎回のように生徒が調査・実験でデータをつくる場面を設けると，実験・調査に時間が奪われて分析の時間が足りなくなったり，"ぶっつけ本番"のため，得られたデータの分布が教師の意図したものにならなかったりすることも考えられる。そこで，松嵜他（2014）が提言するように，大量の実際のデータを扱う際にはソフトウェアで値やグラフ・図を表示するなどテクノロジーを効果的に活用したり，ねらいに合わせた架空のデータを扱ったり，Webサイト等のオープンデータをダウンロードして扱ったりすることも考えられる。これらは，社会・職業生活で統計を活用しようとする態度を身に付ける上で重要な視点であると考える。

(2) 問題の文脈

児童生徒が関心をもって問題解決に取り組めるようにするには，誰が何のために解決する必要があるのか，といった問題の文脈が極めて重要である。解決の必要性を感じられるように，日常生活などの場面を取り上げたり学校生活の諸活動と関連付けたりして，児童生徒の関心を高めたい。

統計の学習ではその特性上，扱う問題や教材は，数学の世界よりも，日常生活や社会など現実の世界に関わるものが多い。例えば，小学校から中学校第1学年までは日常生活中心，中学校第2学年から高等学校は社会中心，と扱う文脈の世界を広げることも大切である（文部科学省，2008）。また，学校生活の諸活動との関連については，他教科や総合的な学習，委員会，学校・学年行事等での学習活動の一部を算数・数学科の授業にもち込み，統計的に解決できる問題を設定すると，円滑に活動が進むと考えられる。

■具体的な活動の過程

授業づくりに向けては，選定した教材に沿って児童生徒の活動を具体的に想定しておくことが不可欠である。例えば，中央教育審議会教育課程部会算数・数学ワーキンググループ（2016）では，統計的問題解決の過程（PP-DACと整合した）のモデル図（図6）を基に，各学校段階での具体的な事例（案）を示している。

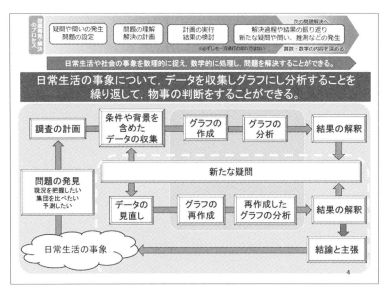

図6　統計的な知識を用いた問題解決過程のモデル図

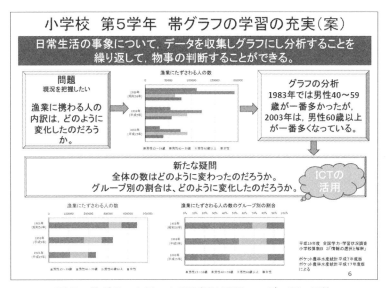

図7　帯グラフを用いた問題解決過程のモデル図の具体

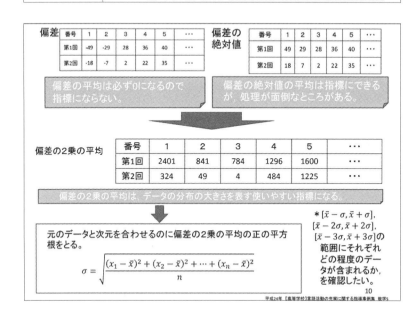

図8　新たな指標として分散や標準偏差の知識を獲得する授業

一般に，PPDACのような統計的問題解決は，既習の知識・技能を活用することがねらいの授業でしか実現できないように思われがちである。しかし，図3の事例は新たな統計的な知識を獲得する授業であり，その知識の必要性と意味を実感を伴って理解する上でPPDACが重要な役割を果たすことを示唆している。「Dデータの活用」領域の単元づくりにおいては，知識・技能を「解説して教える」指導の後に「適用させる」指導を行う，という単純な二段階構成で展開しないようにしたい。一連の統計的問題解決の機会を繰り返し設けることで，知識・技能の習得と活用を繰り返しながら，児童生徒の中に問題解決の有用な統計的なツールを増やしていけるようにしたい。

■児童生徒の思考と問い

　教材研究において，教師が児童生徒の理想的な活動を思い描くことは不可欠である。しかし，それだけでは教師が準備したPPDACというレールを児童生徒がただ辿るだけの受動的な学習しかデザインできない。統計的問題解決の経験が薄い児童生徒が能動的にPPDACを進められるようにするには，
・児童生徒は一連の活動の中で，どのような問いを発したり思考・表現したりすると予想されるか。
・児童生徒の問いや思考・表現を促したり生かしたりするために，教師はどのような発問や手立てを準備しておけばよいか。
を検討しておく必要がある。それにより，児童生徒が自分自身や級友に対して考えを促す問いを発していけるようにすることが大切である。もし児童生徒が自ら問いを発することができない場合は，状況をみて，教師が児童生徒に発問し，新たな考えを促進することが必要であろう。この問いには，PPDACの相に関連して，大きく次の2つがあると筆者らは考えている。

　　　　▼：活動を進めるための問い　▲：活動を戻すための問い

　これらをPPDACの各相に対応させて例示したのが表1である。問題解決において児童生徒が見通しや振り返りを絶えず行うことによって，様々な問いが生まれ，主体的で質の高い活動が児童生徒によってつくられる。

表1　統計的問題解決を促進するための問いの例

相	問い（▼：進める　▲：戻す）
Problem （問題）	▼：問題を統計的に解決するためには，どのように焦点化すればよいか？ ▲：焦点化した問題は本当に統計的に解決できるか？
Plan （計画）	▼：どのようなデータをどのように集めればよいか？ ▼：集ようとしているデータをどのように表したり，そのデータから何を求めたりすればよいか？ ▲：集めようとしているデータで本当に問題を解決できるか？
Data （データ）	▼：データをどのように整理すればよいか？ ▲：集めたデータで本当に問題を解決できるか？ ▲：信頼できないデータは含まれてないか？
Analysis （分析）	▼：集めたデータをどのように表せばよいか？ ▼：集めたデータから何を求めればよいか？ ▲：分析により適切な表・グラフ・図や統計量はないか？
Conclusion （結論）	▼：どんな結論が得られるか？ ▼：結論の根拠として何を用いるとよいか？ ▼：結論とその根拠をどのように説明すればよいか？ ▲：得られた結論とその根拠は妥当か？ ▲：よりよい結論を得るためにはどうすればよいか？

■問題解決の方法の指導

平成 29 年改訂の小学校学習指導要領では，第 5，6 学年の D 領域の知識・技能として，「統計的な問題解決の方法を知ること」が位置付けられている（文部科学省，2017a）。その解説算数編によると，統計的な問題解決とは「『問題－計画―データ－分析－結論』の五つの段階からなる」とある（p.67）（これは PPDAC として解釈できる）。これを受け，中学校学習指導要領解説数学編では次のように述べられてある。

"統計的な問題解決とは，次のような過程を含む一連のサイクルを意味する。
- 身の回りの事象について，興味・関心や問題意識に基づき統計的に解決可能な問題を設定する。
- どのようなデータを，どのように集めるかについて計画を立てる。
- データを集めて分類整理する。
- 目的に応じて，観点を決めてグラフや表や図などに表し，特徴や傾向をつかむ。
- 問題に対する結論をまとめるとともに，さらなる問題を見いだす。"

中学校学習指導要領には文言「統計的な問題解決の方法を知ること」はないが，その解説には，全領域に関わる「第 4 章　指導計画の作成と内容の取扱い」に，小学校の解説と同様に「(2) 数学を活用して問題解決する方法を理解するとともに，自ら問題を見いだし，解決するための構想を立て，実践し，その過程や結果を評価・改善する機会を設けること」と述べられている（文部科学省，2017b　p.172）。同時性を表す連語「とともに」で，方法知の理解と一連の活動とがつながれていることに着目したい。このことから筆者らは，PPDAC を児童生徒が発達段階に応じて主体的に経験する中で，その子なりの方法知を発見し・獲得していくための指導を検討していきたいと考えている。決して最初から"手順ありき"なのではない。

前述したように，児童生徒の統計的問題解決は PPDAC の順，つまり①問題→②計画→③データ→④分析→⑤結論の順で必ずしも進むとは限らない（小学校学習指導要領解説算数編 p.268 には①～⑤の番号が振られているが，

誤読に注意したい）。児童生徒が，表1の▲印の問いのように批判的思考を働かせて主体的に問題解決に取り組むならば，各相を行きつ戻りつし，さまよい，各相に軽重が付きながら一連の解決を進めていくはずである。このように，PPDACは活動の前に教師から児童生徒にレールとして示すもの（トップダウン）ではなく，児童生徒の活動を通して結果的に児童生徒の中でつくられ，少しずつ残っていくもの（ボトムアップ）として，筆者らは捉えている。

■カリキュラム・マネジメント

　PPDACを児童生徒の主体性に任せ，ボトムアップに進めさせていく学習活動は理想的である。しかし，活動のプロセスが多様である上に時間がかかり，指導は困難であると言わざるを得ない。したがって，対象の児童生徒の状況や授業のねらい，単元での時間的制約などについて配慮して単元や授業をマネジメントすることが，資質・能力の育成，負担の軽減等の観点から重要である。

　例えば，ねらいに沿った活動を円滑に進めるために，擬似現実的なデータや既存のデータを扱ったり，問題の文脈として学校生活の諸活動を取り上げたりすることについては前述のとおりに考えられる。

　また，児童生徒がPPDACの経験が乏しければ，表1の問いを教師から発したり児童生徒同士でつぶやいた問いを全体で共有したりすることも考えられる。逆に，もし重点的に指導したい場面があれば，必要なタイミングで敢えて教師が壁となり，児童生徒が立ち止まってじっくり批判的に考えさせ，一人一人の活動の質を高めていけるようにすることも必要であろう。

　さらには，一連の活動の中で，PPDACの起点となる相を事前に検討して授業を構想することも大切である。例えば青山（2017）は，前述した「単純作業」の実践（藤原，2012）について，「『問題』は教師によって誘導され，結果変数として『のの字テスト』のデータは固定されている。『のの字テスト』の結果に影響を与え得る要因を考える『計画』の部分の方が強く顕在化

されている。PPDACの『P：計画』を起点とした実践と捉えることもできる。」と述べている。さらに，「統計的探究プロセスを踏まえた実践が求められるものの，現実的にPPDACサイクルの全てを日々の授業において展開することは容易ではない。既存のデータを活用することや結果変数を固定化するなど起点とする部分を上手く調整することで，学校の実情や児童・生徒の実態に合わせて問題解決活動を展開することができるようになると思われる。」とまとめている（青山，2017，p.160）。

　Plan（計画）の相を起点にする授業は，Problem（問題）の相を軽視するものではない。例えば，本学附属小学校では，事象を算数・数学の舞台にのせる過程を大切にしている。統計に限らず，事象と向き合う際，児童一人ひとりがどんな思いで見つめているか，事象のどこに着目して解決しようとしているかなどを丁寧に読み取り，個人や集団での学びに生かしている。Plan（計画）の相を起点にした授業であっても，短く工夫して誘導しつつも児童の問題意識をしっかり高めた上で，Plan（計画）では試行錯誤を含めてじっくり考えさせている。校種や領域に関わらず，教師は大いに見習いたい。

　そして高等学校においては，経験を通して理解した統計的問題解決の方法（PPDAC）を意識しつつ，グローバルな視野で問題やデータとその背景を捉えるとともに，活動においては各相での質を一層高められないかと自ら批判的に検討しながら解決を進めることを目指したい。小学生も中学生も高校生も，用いる知識・技能が異なるだけで，問題解決の方法はほぼ変わらない。

　筆者らは，同僚や異校種の教員とともに，児童生徒がそれまでに学んできた姿やこれから学んでいくであろう姿を想像したり情報や意見を交換したりしながら，目の前の児童生徒の指導に取り組んできた。いわば，小中高でのカリキュラム・マネジメントである。次章で報告する筆者らの実践が，全国各地の先生方の授業づくりの一助となれば幸いである。

（藤原大樹）

小中学校の「データの活用」の学習内容の一覧

■小学校算数科の内容の構成 （下線は主な新設内容）

	D　データの活用
第1学年	●絵や図を用いた数量の表現 ・絵や図を用いた数量の表現
第2学年	●簡単な表やグラフ ・絵や図を用いた数量の表現
第3学年	●表と棒グラフ ・データの分類整理と表 ・棒グラフの特徴と用い方 <u>（内容の取扱いに，最小目盛りが2，5などの棒グラフや複数の棒グラフを組み合わせたグラフを追加）</u>
第4学年	●データの分類整理 ・二つの観点から分類する方法 ・折れ線グラフの特徴と用い方 <u>（内容の取扱いに，複数系列のグラフや組み合わせたグラフを追加）</u>
第5学年	●円グラフや帯グラフ ・円グラフや帯グラフの特徴と用い方 ・<u>統計的な問題解決の方法</u> <u>（内容の取扱いに，複数の帯グラフを比べることを追加）</u> ●測定値の平均 ・平均の意味
第6学年	●データの考察 ・代表値の意味や求め方（←中1から移行） ・度数分布を表す表やグラフの特徴と用い方 ・<u>目的に応じた統計的な問題解決の方法</u> ●起こり得る場合 ・起こり得る場合

■中学校算数科の内容の構成 （下線は主な新設内容，白丸○は削除内容）

	D　データの活用
第1学年	●データの分布の傾向 　・ヒストグラムや相対度数の必要性と意味 ●多数の観察や多数回の試行によって得られる確率 　・多数の観察や多数回の試行によって得られる確率の必要性と意味（←中2から移行） ●<u>（用語に累積度数を追加）</u> ○用語から，代表値，（平均値，中央値，最頻値），階級を削除（→小6へ移行） ○内容の取扱いから，誤差，近似値，a×10の形の表現を削除（→中3へ移行）
第2学年	●データの分布の比較 　・四分位範囲や箱ひげ図の必要性と意味（追加） 　・箱ひげ図で表すこと（追加） ●場合の数を基にして得られる確率 　・確率の必要性と意味 　・確率を求めること ○「確率の必要性と意味」を一部移行（→中1へ移行）
第3学年	●標本調査 　・標本調査の必要性と意味 　・標本を取り出し整理すること

第2章
学校種別「データの活用」の授業

幼稚園から小学校へ

■幼小連携教育

　子どもたちは，小学校に入学する前の教育の中で，様々な体験を通して数理的なものや事象との出合いがある。その中には経験のレベルで捉えると小学校の学習の範囲を超えたものもあると考えることが大切である。平成32年度から施行される新学習指導要領においても，就学前の子どもたちの経験を十分にいかすことの重要性が述べられている。

　就学前教育において，「幼児期の終わりまでに育ってほしい姿」が幼稚園教育要領に提示されている。

　①健康な心と体 ②自立心 ③協同性 ④道徳性・規範意識の芽生え ⑤社会生活との関わり ⑥思考力の芽生え ⑦自然とのかかわり・生命尊重 ⑧数量・図形，標識や文字などへの関心・感覚 ⑨言葉による伝え合い ⑩豊かな感性と表現

　これらの姿を成長として捉え，幼稚園などでの教育は行われている。しかし，それらが全て「できる・できない」という評価判断ではないことを留意しなくてはならない。子どもたちが経験してきたことの中に要素として埋め込まれていることを捉え，それを引き出し安心して学んでいこうとする姿を支え，算数科としての教科学習につなげていくことを目指すべきである。また，小学校への接続が，⑧数量・図形などへの関心・感覚のみで行われることのないように留意すべきである。それぞれの項目を総合的に子どもの学びや経験に埋め込まれていることを踏まえ，生活に根ざした算数教育を創造すること，特に低学年の統計学習においては，その必要性や便利さ，伝えることができる技能を大切に育むことを目指して欲しい。

■幼児期における統計的な見方

　幼児期の子どもたちは，生活の中で統計的な見方をたくさんしている。野菜の収穫体験では，「こっちが大きい，小さい」「4人で分けるのだから，数より重さをはからないと」ごっこ遊びでは，「さきちゃんは，背が高く大きいからお父さん，たくみくんは小さいから弟」輪投げや的当て遊びで，「当たったら○，外れたら×を書いていくとわかるよ」「点数を書いて，数が多いほうが勝ちだね」などなど。

　そこでは，自然と表をかいたり，グラフのようなものを作ったりしている。可視化されたものは，その様子がよく分かる。子どもたちにとって，絶対的な根拠となるのである。そこでは，「しっかりと表したい」「記録に残したい」という意識が自然に働いている

■小学校への接続

　小学校の学習指導要領では，低学年の統計的な見方について，「データの分析に関わる数学的活動を通して，データの分類整理し，表やグラフに表したり，読んだりする」ことをねらいとしている。また，そこでの数学的活動として，身の回りの事象を観察したり，具体物を操作したりして考え，表すこと結果を確かめることなどを重要視している。

　表やグラフの基礎的な知識とともに，どのような時にどんな統計的な見方をしていくことが便利であり，説明の根拠になるということを体験的に捉えさせていくことが大切であると考えている。

　そのために，どんな場面で分類整理することを必要としているか，表やグラフで表して考える方がより有効であるということを体得させ，基本的なグラフや表のかき方へと進んでいくようにしていくことも一つの学習の道筋だと考える。

　また，基本的な絵グラフなどは，日常的に目に留まるような教室掲示に活用するなど，学習環境への配慮も意欲を引き出すためには必要なことになるのではないだろうか。

（冨田京子）

小学校算数科の新しい内容

■データとグラフ

統計データには大きく分けて，質的データ，量的データがある。

質的データ：演算することができないデータ

例：教科，血液型，学年，好きなスポーツ

量的データ：演算することができるデータ

例：時刻，気温，時間，金額

これらのデータを視覚的に表すときに，それぞれ絵グラフ，棒グラフ（図1），折れ線グラフ（図2），柱状グラフ（ヒストグラム）（図4）などで表す。

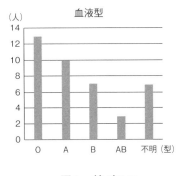
図1　棒グラフ

図2　折れ線グラフ

これ以外で，新しい学習指導要領で小学校算数科に位置付けられた内容，用語などについて概説する。

■階級と柱状グラフ

下の表（図3）はある中学生20人の通学時間を0分から40分までの間の区間を5分ごとの区間に分けて人数をまとめた表（度数分布表）である。

この各区間を**階級**，各階級に入る個数（下の例は人数）を**度数**という。度数分布表に整理されたデータは，図4のような**柱状グラフ（ヒストグラム）**で表すことができる。

　柱状グラフは，量的データの分布の様子を分析する目的から，階級に分けて集計し，度数の多さを高さに対応させて表す。一方，棒グラフは質的データ（文字情報）ごとに，集計した個数を高さで表すものである。柱状グラフは棒グラフと異なり，隣り合う長方形を隙間なくつけている。これは，隙間が空いているとその部分に該当する値のデータが存在しないかのような誤認を与えてしまうからである。

通学時間（分）	度数
以上　～　未満	（人）
0 ～ 5	1
5 ～ 10	3
10 ～ 15	2
15 ～ 20	6
20 ～ 25	4
25 ～ 30	3
35 ～ 40	1
計	20

図3　度数分布表

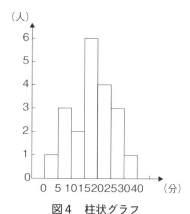

図4　柱状グラフ

■平均値，中央値，最頻値

　量的データ全体の特徴を代表する値を代表値という。よく使われる代表値として，平均値，中央値，最頻値があり，小学校第6学年でこの3つの値について学習する。

　代表値は1つの数値でデータの特徴を簡潔に表すことができ，複数のデータを比較することが容易になる。一方で，分布の形などの情報が失われるので，値の意味を理解し，目的に応じてどの代表値を用いるのがよいのか判断できるようにすることが大切である。

平均値：量的データを均した値で，データの値の総和をデータの値の個数で割って得られる。

中央値：データのすべての値を小さい順に並べたとき，中央の位置にくる値である。ただし，データの個数が$2n$のときは，第n番目と第$n+1$番目の平均値を中央値とする。

例えば，次のデータはAさんの8日間の通学時間である。

30, 32, 34, 35, 27, 10, 32, 28（分）

平均値と中央値を求めてみよう。

平均値は $\frac{1}{8}(30+32+34+35+27+10+32+28)=28.5$（分）

次に，データを小さい順に並べると次のようになる。

10, 27, 28, 30, 32, 32, 34, 35

中央値は4番目の値30と5番目の値32の平均値となる。

したがって，中央値は $\frac{1}{2}(30+32)=31$（分）

今回のデータには10分という極端に小さい値（外れ値）があるため，平均値がデータの集中している付近からずれてしまう。このような場合，代表値としては，中央値の方がふさわしいといえる。

最頻値：データにおいて，最も多く現れている値である。度数分布表では，度数が最も大きい階級の真ん中の値（階級値）が最頻値であり，中学校で学習する。

例えば，ある帽子のメーカーが，来年どのサイズの帽子を多く作製するか決める場合，今年1年間の売れた帽子のサイズの平均値や中央値のサイズよ

り，最も多く売り上げがあった帽子のサイズ，つまり最頻値を用いる方がふさわしいといえる。

■ドットプロット

　ドットプロットとは数直線上の該当する箇所にデータを配置し，同じ値のデータがある際には積み上げて表したものである。

　下の図は，ある中学生15人の1週間に借りた本の冊数を調べてまとめたドットプロットである。

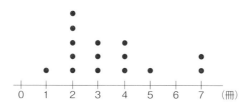

　最も高く積み上がっているところが最頻値（この例では2冊）である。また，ドットの個数を数えることで中央値（この例では3冊）も見つけることができる。

　ドットプロットを用いることでデータの散らばりの様子が視覚的，具体的に捉えやすくなる。中学校では散らばりの様子を視覚的に捉える別の方法として箱ひげ図を学習する。柱状グラフ（ヒストグラム）や箱ひげ図の意味を生徒が理解するために，ドットプロットと関連付けて指導することが考えられる。

（十九浦里美）

授業例1
小学校第1学年

分類・整理することから始まる統計学習

かたちのなかまわけ

■学習のねらい

　子どもたちが身近に見ているかたちの模型を提示し，たくさんのかたちの特徴を捉えながら，分類・整理していくこと。分類をする時に，ある観点を共通に考えること。

■教材について

　算数科において，新しい学習指導要領では，統計学習が1年生から導入される。単元としては，絵グラフなどが取り上げられるが，統計学習の素地として，ここでは通常の学習の中で行えることを考えてみたい。

　今回は，かたちの学習の中で，通常行われている分類・整理を切り口に統計学習の素地と位置づけ，実践していくこととした。

　子どもたちは，たくさんのかたちに触れながら生活をしている。幼児期には，積み木遊びや造かたち遊びに留まらず，生活全体においてかたちとともに生活しているのである。

　ここでは，共通に見えるかたちを扱い，自分が考えた仲間分けを伝え合う中で，特徴を捉えた言葉を使い，分類・整理する素地的な活動である。

■育てたい主な資質・能力

● かたちを分類するために，かたちの特徴を捉え，ことばにすること（算数に対する学びの姿勢）。
● 分類をするときには，何が条件を明らかにすることを知る（統計学習の素地）。

■授業の展開（全5時間）

□学習指導案

学習活動	指導の手立てや留意点
〔第1時〕 ・25個の材料を使って遊ぶ。	・なにも条件などを出さず，十分に遊びの時間を取り，じっくりかたちに触れることを大切にする。 ・作品は，写真に残し，いろんなものを作るようにする。 ・子どもたち同士の会話から「かたちに対することば」に着目する。
〔第2時〕 ・同じ材料を使って，かたちの仲間分けをする。 ・友だちの分け方を見て感じたことを伝え合う。	・様々な分け方を見て，違いを感じる。 ・分け方の違いから，かたちの特徴に目をむけさせる。 ・友だちがどのような分け方をしたのか，「ことば」で伝え合うことにより，かたちの特徴を考える。
〔第3,4時〕 ・仲間分けの仕方をみんなで話し合う。	・かたちの特徴を見る観点「○○から見ると」「角の数」などをたくさん出して，ある条件が決まるとその中に含まれるものが決まることを知る。 ・かたちの特徴に目を向けると，素材や大きさ色などは分類するのに必要ではないことを知る。
〔第5時〕 ・もう一度，同じ材料でかたち遊びをする。	・子どものつぶやきに耳を傾け，学習したことの理解を見取る。

□学習活動例
(1) 扱う題材が持つ意味

　共通なものを見るからこそ,違いが生まれる。そして,それを言葉で伝えようとすると個々が持っている感覚の違いから分かり合うことが難しくなる。その時に,何か共通な言葉を作ろうという意欲となる。その共通に伝え合う言葉を確かめていくことこそが,分類・整理する素地的な活動と言えるのではないだろうか。それは今後,統計学習を進めていく上で大切な資質となるであろう。

　そのために,教材として,子どもの手になじむ大きさ,多様なかたち,多様な素材として25種類のかたちを用意した。さらに,25種類のかたちは,一人ひとりに配布し,同じものを各個人が扱うことにより,かたちに対して持つイメージや表現が多様になると考えた。そこで,子どもたちは何か伝えるために共通に考えなくてはいけないという必要観をもたせるようにした。

(2) 何が同じで何が違うか

　同じ材料を見ていても,子ども1人ひとりの分け方は様々であった。2時間目の友だちの分け方を見て,伝い合う場面では,「ぜんぜん違う」と言った子どもの発言に,「そうそう」と同調しながらも,「でも,似てるところもあったよ」と言った子がいた。「みさきちゃんとは,まんまるのは同じだった。ちがうのもあったけど」という発言から,「まんまるは,まんまるだから,みんな同じだよ」

　一見みんな全然違うように見えても,よく見ると共通している分け方があることに気付きだした。「まんまるだから」ということばが,分類する視点を決めていると捉えることができる。

　その後の発言では,「さんかく」「しかく」ということばで分けると少しずつみんなの分類が揃っていくことを楽しむ様子が伺えた。

(3)「〇〇から見ると」「2つ合わせると」

　2時間目の終わりに,「まんまる」は分かったのだが,他のまるいかたちについては,分け方の意見が揃わなかった。そこから,まるいかたちについて,そのように分けたらいいかをみんなで考えていくことになった。その時の授業の様子である。

C：木の玉と発泡スチロールの玉と鉄の玉は一緒の仲間。
C：どこから見てもまるだよ。　T：その3つを仲間にした人？
C：(ほぼ全員挙手)　C：転がる仲間。　C：どこから見てもまる。
C：まんまる。　C：かたちみつけだよ,どこから見てもまる。
C：でも,これだけじゃないよって人もいた。　C1：ある。
T：どれかな？

C1：紫の小さいのとこれ（円柱）とこれ（円柱）。
T：紫の入れた？　C：入れた。
C：入れない。　C：横にすれば転がる。　C：転がるまる。
C：あ,**上から見たらまる**。
T：紫も入るの？　C：ころがる仲間。　C：やったことないよ。
T：転がるってかたちなの？　C：**上から見るとまる**。　C：玉はどこから見てもまる。
T：こっちは,どこからだけど,上から見てもでもいいんですか。
C：どっからだもん,**上から見てもだよ**。
C2：もっとある。これもだよ。(リング3種類)
C：**上から見たらまる**。C：輪っかならそうじゃん。
C：それが全部集まれば,これ（円柱）になる。
T：そうですか,これも**上から見るとまる**。

C3：また,こんなかに入っちゃいました。(色板円)
C：入ってる。　C：入っていない。　C：これも**上から見たらまる**。
C4：半分にしたらこれ（色板半円）になるから一緒にしてた。
C：これ（リング半円）もここにいれたよ。　C：えっ。

C4：これが2つあるとまんまるになるから。
C：**2つあるとまんまるになる。**
T：これ（半円）は，**2つあるとまんまるになるんだ。**1こだと。
C：半分まる。

　この場面からは，球の3つの仲間に，「後3つ入る」と発言したC1の言葉から，子どもたちが自分の分け方や考えについて，発言が続いているが，「上から見ると」ということばによって，違いを明確にして，1つの条件に行き着いた。そして，「上から見ると，まる」という条件で見ていくと，リングも仲間に入ることに気付くC2の発言がある。さらに，もっとたくさんのかたちも含まれるだろうとC3が発言している。自分の分け方ではないが，条件を設定することで，仲間分けが変化することに気付き始めている。さらに，半円の色板がC4の発言が新しい条件を生み出していく。
　「2つあると」という新しい言葉が条件に加わった。しかし，この条件は，みんなの一致を見ることが出来ず，『1こだと，仲間にならないが，2こあると仲間になる』というまとめから，条件によって，分類が変わることを多様に考えることができるようになってきた。
　このように，分類する観点を明確にし，分類していくこと，また，どちらにも決められないものがあることを知ることも統計学習の素地として意味のある活動になる。

(4) 片付けに見られる分類を活かす姿
　実際の授業の中でも，子どもたちが分類しながら整理していく姿が分かるが，それだけでなく，子どもたちの片付けの様子からも分類することを意識化できるようになった姿が見られる。

分類するということは，整えられるということである。片付けを通して，分類することの機能的な良さも，体得している。

■授業を振り返って

　今回の学習を振り返り，低学年の子どもたちにとって，実感ある学びを大切にすることも重要な要素であることが分かる。統計の学習をまず「処理」の部分から始めるのではなく，「処理」につながる前の段階を大切にする過程を本時では提案したい。このことは，低学年で大切なことだけではなく，それ以降の学習においても重視したい過程であると考える。

　また，本時では，分類するという素地的な要素を意識した学習であったが，自分で分ける（分類・収集），みんなで考える（処理），日常に生かす（考察）という学習サイクルの素地をなぞってみることもできるのではないかと考えている。

（冨田京子）

■異校種から見て

　意図的，計画的に遊びを設定し，25種類の材料をかたちに着目して分類・整理していく過程を大切にした実践である。中高生も，何かの目的の下で統計的に処理するためにどんな質的データを得たいのかを計画する場面や，よりよい結論を得るために量的データをどんな質的項目で層別したいかを検討する場面などで，本時のような思考を働かせる。

　例えば，小学校第1学年で，動物園にいる動物を表や絵グラフで整理する際，「大きさで分類する」「怖いかどうかで分類する」など，様々な仲間分けができる。動物園の運営側からすると，実はそこに意図があったりもする。「どんな動物がいるかな」という問いの後，「何の動物がどれだけいるかな」という問いにとどまらず，「どんな動物がどれだけいるかな」という傾向を捉えようとする眼を育てる実践の一例が本時であり，他にも算数・数学や理科など様々な場面に隠れているように思われる。その眼を教師ももち続けたい。

（附属中学校　藤原大樹，附属高校　三橋一行）

授業例2　小学校第2学年

データ処理を意識化する

表とまるのグラフ

■学習のねらい

　表やグラフを用いる場面は，データを処理する過程と処理した後の2つに分けられる。このうち，本実践では前者について焦点を当て，子どもがデータを処理する過程で，表やグラフをどのように用いているかを見ていく。

■教材について

　本校の低学年では，子どもが自分のリズムで学習を進めることを促す「計画表」を用いた学習（以下，「えらぶの時間」とする）を行っている。今年の第2学年では，2週間で6日（1週間で3日）の「えらぶの時間」を設定している。

　子どもは，自分のペースで，「えらぶの時間」に取り組めるようになっている。また，過去の自分の計画表を見て，「えらぶの時間」の計画を立てる習慣もできるようになっている。しかし，自分のペースとは何かを考えることはなかった。それを知るためには，計画表の傾向を知ることが求められる。その点において，計画表そのものがデータとなっており，子ども自身にとって必然性のある生きた教材であると考える。

■育てたい主な資質・能力

●自分で決めた観点でデータを処理し，その過程において表やグラフをどのように用いているのかを意識化する。

（思考力，判断力，表現力等）

■授業の展開

□学習指導案

学習活動	指導の手立てや留意点
1. 10月の計画表を見て、自分がどんなものを選んだのか、その傾向を知る〈学習課題〉 C:「よむ」が多いと思う。	
2. 傾向を知るための観点を決める C:1週間ごとで調べる。 C:えらぶ内容ごとで調べる。	・いろいろな観点を考えさせ、その中で1つの観点を決めさせる。また、決めた理由を書かせる。
3. 観点に基づいて、データを処理する C:グラフをかいてみる。 C:表をかいてみる。	・どのようにデータ処理をしているのか、その過程をノートに書かせる。 ・子どもが、自分の処理を意識化できるように、適宜声かけを行う。 ・処理したものを表やグラフとして表した場合、なぜそれを用いたのかを書かせる。
4. 表やグラフを見て、計画表の傾向を、文で書く C:思っていたよりも、「よむ」が少ないな。	・自分の傾向を見ながら、今後の「えらぶの時間」の取り組みについて考えさせ、書かせる。
5. 友だちと交流する	・友だちが、データ処理の過程で表またはグラフをどちらを用いたのか、またそのわけを考えさせる。

□学習活動例

(1) データを処理する観点を決める

　図1は，子どもが実際に用いた計画表（No.9とNo.10）である。選ぶ内容は，図1にあるように，「つたえる」と「かく」,「よむ」,「数と形」,「みつける・しらべる」,「プロジェクト」の6つある。

　私の学級では，2週間で全員が必ず行う題材を，「かく」と「よむ」,「数と形」の中から2～3つ設定している。それ以外は，子どもが自由に選ぶことができる。その条件の中で，子どもは，自分がやりたいこととやらねばならないことを考えて，「えらぶの時間」の学習を進めている。

　子どもは，この計画表を見て，データを処理するための観点を考える。実際には，以下のような観点が挙がった。

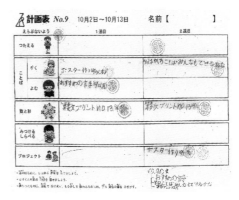
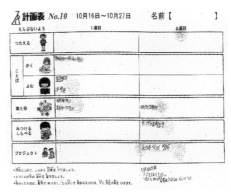

図1　実際の計画表

　ア　選んだ内容と日にちで分類する
　イ　選んだ内容で分類する（日にちは問わない）
　ウ　日にちで分類する（選んだ内容は問わない）
　エ　No.9と10に分けて分類する（選んだ内容は問わない）

　アとイは選んだ内容を含んだ形で分類しており，自分が選んだ内容のバランスを見ることで計画表の傾向を知ろうとしている。一方，ウとエは選んだ内容を問わずに分類しており，自分が選んだ内容の数を見ることで計画表の

傾向を知ろうとしている。それぞれの観点は、一人ひとりの子どもの意志であり、それをお互いに認め合うことを、教師からは伝えている。

　分類の観点は多様であり、それに触れることで統計の面白さを実感することができよう。だが、それだけで学びが十分に広がるであろうか。子どもたちの何人かは、初めに決めた観点でデータを処理し傾向を見た後、別の観点で傾向を知ろうとしていた。彼らは、複数の観点で傾向を見ることのよさを実感していた。そうしたことが、多様な分類の観点に触れることの意義であると言えよう。

(2) データの処理と表やグラフの作成

　データを処理する過程は、表やグラフを作ったかどうかという点と、データ（「えらぶの時間」で取り組んだ内容）を数えたかどうかという点に分けられた。2つの視点を関係づけて考察してみると、次の2点が読み取れる。

　ア　表やグラフをどうやって作ったのか
　イ　なぜ表やグラフを作ったのか

　まず、アについて見ていく。

〈グラフを作る〉

　グラフを作るのに、初めからデータを数えた子ども、初めはデータを数えず最後に数えた子ども、最後までデータを数えない子どもに分かれた。最後にデータを数えた子どもと最後までデータを数えていない子どもの多くは、グラフの枠をかき、データ1つ1つを枠の中に○として書いていた。また、図2のように、教科書にあるように、データ1つ1つをカードとして表し、それを内容ごとに並べて作る子どももいた。いずれのかき方も、データを一対一対応で表しているので、○を

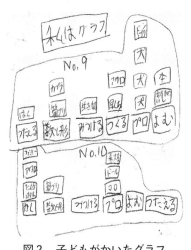

図2　子どもがかいたグラフ

第2章　学校種別「データの活用」の授業　　59

書く（カードを並べる）段階では○（カード）の個数を意識していない。なぜ，そうしたのかを聞くと，「わざわざ数えるのが面倒で，1つずつ書いた方が，書き忘れがない」と話していた。そう答えたのは，最後まで数えていない子どもであった。一方，最後は数えた子どもは，「やっぱり数えた方が，書き忘れがないか確かめられる」と話していた。また，数えてからグラフを作った子どもは，「数えた方が，数え忘れがない」と話していた。いずれの言葉からも，データをもれなく使うという子どもの思いが伺える。
〈表を作る〉

表を作るためには，当然ながらデータを数える必要がある。先述したように，数えた子どもの何人かはグラフも作っている。ということは，表とグラフを作る順番が，子どもの中で分かれている。また，図3のように，同時に作っている子どももいた。さらに，数える過程でのメモ代わりとして表を作ったと話す子どももいた。

次に，イについて見る。

先述したように，数えた子どもの多くは表とグラフの両方を作っていた。そこにあるのは，それぞれの内容の違いなど自分の計画表の傾向を詳しく知りたいという子どもの思いである。

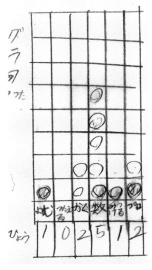

図3　表とグラフを合わせたもの

そのために，個数を数えたのである。ただ，「それなら表だけで作ればよい」という声も挙がった。数値が分かれば，グラフは必要ないという考えである。これに対しては，「詳しく」という思いの中には，「見た目で分かるよさ」ということも含まれているのであろう。

グラフによる見た目で分かるよさは，数えていない子どもにとっては，自分の計画表の傾向を「大まかに」知りたいと思いであったと言えよう。したがって，彼らにとっては，それぞれの内容の違いを知る必要がなかった。

■授業を振り返って

　データをいろいろな観点で分類して表やグラフを作ることや，作った表やグラフを読みとることは，統計学習の大切な視点であることは確かである。また，子どもがデータをどう処理するのかを丁寧に見ることが，教師には求められよう。この「自分がどのようにデータ処理を行っているかを知ること」が，サブタイトルにある「データ処理を意識化する」ことの意味である。

　データ処理を意識化することで，処理したものを他者に伝えたり読み取ったりすることの意味もより深まると言えよう。それもまた統計学習の大切な視点であると考えている。意識化することは，2年生の子どもにとって少し難しいことではあるが，それが以降の学年において，データの使い方を考えたり，データそのものを問い直したりする学びの素地になると考えている。

（戸張純男）

■異校種から見て

　「えらぶの時間」は附属小学校独自の時間で，児童が自律的に学習に取り組む習慣を付けられるように設定されている。その文脈において，場面を教師が統計的な眼で捉え，児童の活動が成立するように教材化し，児童が傾向を捉えて自らの行動に活かそうとする姿は，中高でも大いに参考になる。

　教科書の題材は，児童生徒にその単元で必要な知識・技能等を効果的に身に付けられるように工夫されている。しかし，その知識・技能につながる，児童生徒に必要感のある文脈が日常生活，学校生活にある場合には，教材化，授業化し，児童生徒が課題設定をして統計的な問題解決を経験しながら学べると，知識・技能の必要性と意味の習得に望ましい効果が期待される。これを受けて中高では，社会における文脈を取り上げ，統計の授業を通して視野を広げさせたい。

（附属中学校　藤原大樹，附属高校　三橋一行）

> 授業例3
> 小学校
> 第3学年

「その他」の意味を理解し、使いこなせるようにする

表と棒グラフ

■学習のねらい

　本時は単元の第1時と第2時、データから作った表、棒グラフを読み取るところである。データを読み取ろうとするとき、大人が思う以上に子どもたちが戸惑い、間違えるのは「その他」の解釈と処理である。目的に応じてデータを表に整理し棒グラフで表すことだけでなく、「その他」の意味を理解し、使いこなせるようにすることが本時のねらいである。

■教材について

　子どもにとって身近な学校の前の交通量調べを取り上げ、子どもたちが興味、関心をもって取り組めるようにしたいと考えた。「どんなしゅるいの自動車が多く通るかを調べよう。」という設定で、まず、ある時間内に通った自動車の写真を提示した。タクシー、救急車や、パトカー、バイクなど、数が少ない種類の自動車をどのような観点にしてまとめていくかを考えることが必要である。その上で、数が少ない種類の自動車を「その他」として表していくことを学習していく。なぜ、救急車やパトカーを「その他」にしたのか、また、「その他」に含まれているものを再確認することで、「その他」の意味について考えさせたい。

■育てたい主な資質・能力

- データを整理した表や棒グラフのそれぞれの意味（特に「その他」）を理解すること。（知識及び技能）
- データを適切に処理し、表や棒グラフに表したり、その表や棒グラフを読み取ったりすること。（思考力、判断力、表現力等）

■授業の展開（全2時間）

□学習指導案

学習活動	指導の手立てや留意点
1．提示された自動車の写真から，種類や台数を調べる。 2．子どもがまとめた表から，データを読み取る。 T：たろうさんと，ひろこさんが，学校の前を通った自動車を調べて表にまとめました。 （自動車調べ　9時〜9時5分）	・実際に道路で調べたり，ビデオに撮ったものを子どもに見せたりすることが望ましい。 ・写真の場合は一度にまとめて見せるのではなく，紙芝居のように1枚ずつ提示する。 ・「正」の字を作っていくよさを確認する。

【たろうさんの表】

種類	台数（台）
トラック	✓✓✓✓✓
乗用車	✓✓✓✓✓✓✓
バス	✓
その他	✓
合計	

【ひろこさんの表】

種類	台数（台）
トラック	正一
乗用車	正丅
バス	一
その他	一
合計	

学習活動	指導の手立てや留意点
2．9時5分から9時10分までに通った自動車を提示し，表にデータを書き加える。 T：9時5分から9時10分までの通った自動車の写真を，表に書き加えていきましょう。 3．棒グラフを読み取る。 T：3番目に多かった自動車の種類は何でしょう C：その他　　C：バス	・「正」という字を作っていく書き方で，9時5分から9時10分までに通った自動車の記録を追加し，9時から9時10分までに通った自動車についてのデータを完成させる。 ・棒グラフは，ここで初めて学習するので丁寧に扱っていく。 ・「その他」が何を表しているかを再確認する。

□学習活動例
(1) データを読み取る
T：学校の前の道はどんな自動車がたくさん通っているでしょうか。予想してみましょう。
　子どもが予想をいくつか発表した後，学校の前の道を通った自動車の写真を1枚ずつ提示していった。

　写真を見ると，トラック，救急車，タクシー，バス，乗用車がある。どんな種類に分けたらよいか，子どもたちに考えさせ，各自で表にまとめる時間を取った。その後，たろうくんとひろこさんのまとめた表をもとに，どのように2人は考えてまとめたのか，クラス全員で考えることとした。
T：たろうさんの表は，どうやって作ったのか分かりますか。
C：自動車が1台通るごとに，✓をつけていった。
C：トラックが1台通ったら1つ✓をつけて，乗用車が1台通ると1つ✓をつける。
T：表の『しゅるい』のところは，『トラック』『乗用車』『バス』『その他』となっています。『その他』っていうのは，どんな自動車ですか。『あ，その他が走ってきた』って言うの？
C：ちがう。トラックでも乗用車でもバスでもない自動車のこと。
C：たとえば，救急車だとか消防車だとか。

C：タクシー。
C：タクシーは乗用車なんじゃないの。
C：あとね。バイク。
C：『バイク』だったら『その他』ではなく『バイク』にしてあげればいいんじゃないの。『その他』にしてしまうと，バイクが通ったことが分からないじゃない。
C：たぶん，数が少ないものを『その他』にしている。
C：どんな自動車が多いか調べたいから，少ない種類はまとめても良いと思う。
T：そうなんだ。では，次はひろこさんの表です。
C：トラックの運転手さんは正一さんで，バスの運転手さんは一（はじめ）さんなのかな。
C：？
C：これは名前じゃなくて，台数だよ。
C：トラックは6台で，バスは1台っていうことを表している。
C：『正』は『5』を表している。
T：へえ。そうなんだ。では，乗用車は何台ですか。
C：7台。
C：5台＋2台だから。
T：なんで『正』を使うの？お茶小の『茶』の方がいいんじゃないの。
C：『茶』は9画だから，数えにくい。C：『正』は5画だから，5，10，15，って数えやすい。

(2) 表にデータを書き加える

9時5分以降の車の写真を提示し9時から9時10分に通った自動車の種類ごとの台数を表す表を完成させた。

表1　9時から9時10分の台数

種類	台数（台）
トラック	10
乗用車	14
バス	3
その他	4
合計	31

(3) 表をもとに，棒グラフを作る

棒の長さは，何を表しているかについては，「自動車の台数」，「自動車調べ」などではなく，「9時から9時10分までに学校の前を通ったそれぞれの自動車の台数」と表現すると，グラフを見た人に伝わりやすいことを確認した。

その後，授業では，棒グラフを見て，グラフの特徴や，グラフから読み取れることを発表し合った。

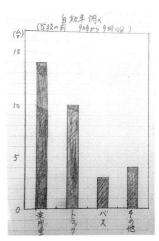

図1 表を基に作った棒グラフ

C：1番多かった自動車の種類は，乗用車です。

C：2番目に多かった自動車の種類は，トラックで10台です。

T：3番目に多かった自動車の種類は，何で何台ですか。

C：バスで3台です。

C：え。『その他』の方が多いよ。

C：『その他』が3番目に多いよ。

C：『その他』は少ない種類を集めたものだから，3番じゃないよ。

T：『その他』の4台の中には，何が何台あったか分かりますか。

C：分かる。救急車が1台，バイクが2台，消防車が1台。

C：バイクは2台通ったんだったら，その他から独立させてあげればよかったのにね。

C：それでもいい。そうすると，『その他』は2台になる。

子どもたちの中には，最初は「その他」が3番目に多いと思っていた子どももいた。しかし，「その他」の中の自動車の種類をもう一度見直すと，その他の中には，消防車や救急車など，種類の違う自動車が集まっていることに気づき，「その他」を3番目に多いとすることはおかしいということに気づいていった。「その他」には，何が含まれているのか，なぜ，「その他」と

して表したのかについて，再度確認することで，「その他」の意味について子どもたちと考えることができた。

■授業を振り返って

「学校の前の道はどんな自動車がたくさん通っているか」という問題に対して，「どんな自動車が多いか調べたいから，少ない種類はまとめてもよいと思う。」と，目的によって，何をその他に入れるか子どもたちと一緒に考えることができた。表やグラフが課題や目的にあっているか，立ち止まり考えることが大切であると考える。

(榎本明彦)

■異校種から見て

質的データを整理する際，目的に照らして項目を整理することが第一歩となる。中高で量的データを層別して深く分析する際にも，何の項目で層別すればよいかを検討することは大切である。例えば，行政が行う交通量調査は，道路の使われ方を把握し，周辺の整備や建設の方針等を検討する目的で，一定時間内に通った自動車を「大型車」と「小型車」，「貨物車」と「乗用車」に計測することが多い。さらに細かく分類して集計する際には，「その他」の意味は大きいように思われる。

新聞やニュースで目にするグラフを解釈する際に，例えば「その他」の割合が他の1つの項目の割合よりも大きい場合などでは，「この『その他』は何を含んでいるのだろうか」などと批判的に推測し，表出していない事実を想像したり解釈したりすることは，社会に出てから大切である。

授業づくりにおいては，統計的な問題解決を子ども自身が進展させられるように，扱う問題を解決する目的を子どもが理解できるようにしたい。例えば，行政や民間企業の立場で具体的なストーリー性のある場面を設定し，「学校の前の道はどんな自動車がたくさん通っているか」という問題の解決につなげることが考えられる。

(附属中学校　藤原大樹，附属高校　三橋一行)

授業例4
小学校第3学年

目的に応じて資料を選択し，判断に用いる
さまざまなデータの活用

■学習のねらい

　私たちが日常生活で何らかの判断をおこなう場面では，予め正しい答えが定まっている場面よりも，定まっていないことの方が多い。そのような場面においては，目的に応じて様々な資料を集め，それらを根拠として自分で答えを導いていくことが大切である。本単元では，子どもが自ら設定した条件に合った資料を用いて自分なりの答えを導く活動を通して，目的に応じて資料を選択し，判断に用いる力を養う。

■教材について

　本教材では，来年度のサツマイモほりに向けて，学校からの行き方を考える。3・4年生がおこなうサツマイモほりでは，班ごとに4年生が中心となって行き方を決める。子どもは学校を出発して，高田馬場駅を通り，郊外園がある萩山駅まで行く。しかし，高田馬場駅から萩山駅への鉄道は西武新宿線のみであるため，高田馬場駅までの行き方を考えることにした。
　公共交通機関を使って学校から高田馬場駅まで行く行き方は多様にある。その中で子どもは，運賃が安い行き方，所要時間が短い行き方，乗換回数が少ない行き方などのように，自分なりの条件を設定して行き方を考えるであろう。また，条件が数値化できる場合でも，数値が小さいことを良いと評価するか，悪いと評価するかは子どもによって異なる。また，様々な経験から，電車の混雑具合や駅の構造を考え，乗り換えの時間を長めに考えたり，乗り換えが大変な駅を避けたりする子どももいると考えられる。このように，子どもが考え得る条件は多様にあり，その全てを満たす行き方は存在しないことが多い。その中で，子どもにどの条件を優先するかを考え，それに

基づいた行き方の選択をおこなってほしいと考える。

■育てたい主な資質・能力
●目的に応じて必要な資料を選択し，それを活用して自分なりの結論を導く。

■授業の展開（全5時間）
□学習指導案

生徒の学習活動	指導の手立てや留意点
〔第1時〕 ・10月18日の行った行き方はどうだったか，ふり返る。	・4年生が中心となって決めた行き方で実際に行ってみて，困った点や良かった点などを共有する。来年度は今回の経験を活かし，よりよい行き方を考えるという思いを持たせる。
〔第2・3時〕 ・様々な情報をもとに，来年度どのように行きたいかを考える。	・鉄道やバスの路線図，学校の近くの駅からの運賃図，各鉄道の乗車時間などの資料を示す。来年度の3年生を，責任持って連れて行くという意識を持たせる。
〔第4・5時〕 ・考えた行き方を共有し，メリットやデメリットなどを話し合う。 ・話し合ったことをもとに，来年度の行き方について自分の考えをまとめる。	・まずは行き方のみ提示する。そして，選択に関わっている条件（所要時間，運賃，乗り換え回数など）や思いを考えさせる。さらに，明らかになった条件を整理し，行き方を再検討する。 ・他者が行き方を考える際に設定した条件について考える活動を通して，判断には様々な思いが関わっていることを理解する。

□学習活動例

　第1時では，今年度の行き方をふり返った。学校から高田馬場駅までの行き方はどうだったかを問うと，「山手線が混んでいて，2本見送ったら，乗りたかった西武線に乗り遅れた」「山手線が満員電車で大変だった」というように，朝の時間帯の山手線が想像以上に混雑していた印象が非常に強く，反省点として多数挙げられた。さらに，「飯田橋駅での乗り換えが遠くて大変だった」という発言もあった。また，「学校の近くから乗ったバスが空いていた」「東京メトロの電車は空いていた」「電車に乗り間違えてしまったが，学校を早めに出たので大丈夫だった」というような発言もあった。このように，今回経験したことによって，子どもは，路線図を見ただけではわからないことにも着目していた。そして来年度のために，今回の経験から得たことを活かして，よりよい行き方を考えることが課題となった。

　第2時では，まず鉄道路線図を配布した。その他の情報として，学校近くの駅（茗荷谷駅，護国寺駅，大塚駅，池袋駅）に掲示してある運賃図の写真，東京メトロとJR山手線の乗車時間がわかる図を用意した。また，学校を出発する時刻は登校時刻より後であること，そして遅くても高田馬場駅9時15分発の西武線には乗らないと，その後の活動に間に合わないことを確認した。そして，これらの情報を必要に応じて用いるよう伝えた。

　ほとんどの子どもは，まず配られた情報の中で路線図を見て，学校の位置と高田馬場駅の位置を確認し，たどり着けそうな経路を探していた。電車好きの子どもは，色々な電車に乗りたいため，わざと遠回りする行き方も考えていたが，かなり時間がかかりそうだということに気づき，乗る電車の数を徐々に減らしていた。多くの子どもは，数分間じっと路線図を見て行き方を考えた後，その行き方について運賃図を見て運賃を求めたり，乗車時間の図を見て，徒歩などの時間も含めた所要時間を求めたりしていた。このようにして1つの行き方を考えた後に，2つ目の行き方，3つ目の行き方を考え，運賃や所要時間や乗り換え回数などの条件で比較して，よりよい行き方を考えている子どももいた。

第3時の最後に，自分が一番いいと思う行き方について，その良いところや，もしあれば悪いところについても考え，ワークシートにまとめた（図1）。図1の子どもは，本当は山手線を使わない行き方を考えたかったが，それを諦めて違う行き方を考えており，自分の中でどの条件を優先するかを考え，判断している様子が読み取れる。

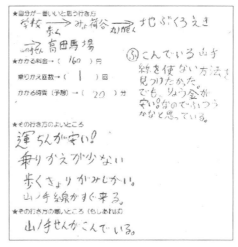

図1　子どもが考えた行き方の例

　第4時では，子どもが考えた行き方のうち教師が意図的にいくつかを選び，その行き方を黒板に提示した（図2）。学校から大塚駅まで歩いて山手線に乗る行き方（オ）を示すと，子どもからは「え？」という声が多く出た。そこで，オの行き方を選んだ人がそれを選んだ理由を，考えさせた。すると，「安いから」「バスの混雑を避けたいから」等の意見が出た。

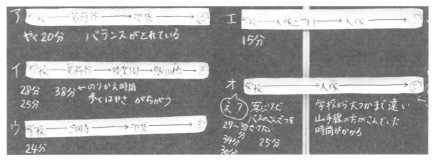

図2　第4時で共有した行き方

　そして，オ以外の行き方についても値段を求め，オが最も安いことを共有した。一方で，「学校から大塚駅まで歩くのが遠い」「時間がかかる」といった否定的な意見も出たため，次に所要時間を求めて比較した。電車の乗車時

間は鉄道会社の情報をもとにしているため共通しているが，駅まで歩く時間や，乗り換えに歩く時間をどう考えるかは，子どもに任せてあった。したがって，子どもによって考える時間が異なり，1つに決めることができないため，幅を持たせて考えることになった。

黒板にア〜オの運賃と所要時間が並ぶと，ある子どもが「安かったり，時間が短い順に並べた方がいい」と発言した。周りの子どもは，その意図が理解できないようだったが，とにかくやってみることになり，安い順に並べた。すると，安い順にオ→イ→ア・ウ→エとなった。所要時間については，短い順にエ→ア→ウ→イ→オとなった。すると，この結果を見た別の子どもが「バランスが取れてるのがア」と発言した。この意見には多くの子どもが同意しており，どちらかのみが1位の行き方ではなく，どちらもそこそこいい順位であるものを選びたいといった考えがみられた。

第5時では，「バランスがとれている」とはどういうことかを考えた。すると，所要時間が最も短く，運賃が最も高いエよりも，所要時間が短い順で2位，運賃が安い順で3位のアを選びたいという意見が多く挙がった。また，「エの方が30円高いけど，30円出せば5分早くなる」というように，お金を出して時間を買うという考え方もみられた。そして，全てにおいて1位の行き方は無く，どの条件を優先するかによって，選ぶ行き方は異なるということが共有された。

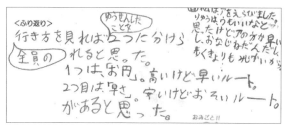

図3　子どもが書いたふり返りの例

■授業を振り返って

校外学習の場面を題材としたことで，子どもは強い責任感を持って取り組むことができた。そして，その責任感により，最初は自分の好きな行き方の

みを考えていた子どもが,「乗換回数が多いと移動が大変」「遠回りしすぎる行き方だといもほりに間に合わない」等と考え,様々な条件を加えて行き方を考えるようになった。

さらに,今年度の経験があったことによって,駅の混雑具合や乗り換えで歩く時間など,実際に行ってみないと正確にはわからない情報を用いる子どももいた。授業者である筆者は,その場ですぐに過去のデータ等の資料を用意することができなかった。しかし,帰宅後に自分で駅に行き,駅の構造などの情報が載った資料を手に入れ,翌日以降の授業で判断に用いる子どもが複数いた。このような姿は,まさに目的に応じて資料を選択し,判断に用いた姿であったと考える。必要とする資料が用意されていなくても,そこで終わりにせず,自ら収集しに行く態度は,今後も大切に育てていきたいと考える。

(落合菜々子)

■異校種から見て

日常生活や学校生活の場面の中で,質的／量的データを含めた様々な情報から数学的に定式化,表現,推論等をして多様な解決を考え,その中で文脈や社会及び個人の価値判断等に照らして意思決定する場面に,大人は度々遭遇する。そのような場面で必要な力を「数理的意思決定力」(西村,2016)という。算数・数学科の授業としてこの力の育成を試みる場合,算数・数学の知識・技能の何がどう役立ったのかを自覚化できるようにしたい。

算数・数学の授業やテストでは,その単元で学習した内容を少し工夫して適用すれば多くの問題が解決できる。しかし,社会では違う。中高の数学科では,領域横断的な学習として「課題学習」が設定されているが,小学校でもぜひ試みていきたい。

(附属中学校 藤原大樹,附属高校 三橋一行)

授業例5
小学校
第4学年

目的に応じて分類項目を決め,資料を整理し分析する
二次元の表

■学習のねらい

　身近で起きている問題に向き合っていく際,漠とした捉えで解決策を考えるのではく,問題の詳細やその背景をきちんと捉えながら解決策を考えることが大切である。本単元では,資料から目的に応じて2つの分類項目を選び出し,二次元表に整理する等の活動を通して,資料を分析し,傾向や特徴を的確に捉えながら,それをもとに解決策を考えていく力を養う。

■教材について

　「お茶小生はけがで保健室に来る人数が多い」という事実に対して,"けがをへらす"ために,何ができるかを考えていく。その際,実際の資料から,けがの傾向を把握し,自分たちができることを実践していく。

　また,扱う題材が身近であるが故に,イメージや推測で語ることができてしまう。例えば実際の授業では,けがが多いと思う場所として,山(校庭脇の木の生えた斜面)が理由とともに最初に挙げられ,これに多くの子が声を出して同意した。しかしながら,資料を分析すると実際は意外と少ない。そのズレを大切にしながら,イメージや推測,そしてそれに基づく多数の声を鵜呑みにするのではなく,実際の資料(事実)に基づき,状況を的確に把握し判断することを大切にしたい。尚,本単元で初めて二次元表を学習する。一連の活動を通してその表し方やよみ方を丁寧に扱う。

■育てたい主な資質・能力

●目的に応じて,二次元表に整理する等の活動を通して,資料を分析し,傾向や特徴を的確に捉えながら,それをもとに解決策を考えていく。

■授業の展開(全6時間)

□学習指導案

学習活動	指導の手立てや留意点
[第1・2時] ・活動の目的に対して何ができるか考える。 ・資料をある観点から整理する。	・「お茶小生はけがで保健室に来る人が多い」ということから、"けがをへらす"という目的を明確にし、何ができるかを考えていく。 ・資料に向かい合う時間を十分に取る。
[第3時] ・前時で整理した結果から、わかったことを共有する。 ・さらに、資料を二次元表にまとめる。	・資料をある観点から整理することを通して分かったことは何かを共有する。続いて、生まれた疑問も共有することで、2つの分類項目で整理することの必要感を持たせる。 ・二次元表のかき方を丁寧に確認していく。
[第4時] ・二次元表からわかることを共有する。 ・さらに、資料を2つの分類項目で二次元表にまとめる。	・2つの分類項目(ex. けがの種類とけがの場所)で二次元表に整理したからこそ分かったことは何かを共有する。続いて、生まれた疑問も共有することで、別の分類項目で整理することの必要感を持たせる。
[第5・6時] ・これまでの活動からわかったことをもとに、班で協力してポスターを作成する(→各学級へ呼びかけにいく)。	・どこにポスターを貼ったら効果的であるかを考える。また、見る側の視点に立ってレイアウトなどを考えるとともに、貼る場所に応じて、"けがをへらすために"伝えるべき内容を考えてつくる。

□学習活動例

第1時の導入では，保健室の先生の言葉「けがで保健室に来る人が多くて……」を伝え，"けがをへらすために"どうしたらよいかを尋ねた。子どもたちからは，以下のような考えが出された。

「まわりをよく見る」「無茶なことはしない」「室内で走らない」「けがをしそうなところに行かない」「落ち着いて行動する」「転んだ時に対応できる力をつける」「ポスターにする」「呼びかける」

上記の「けがをしそうなところに行かない」という考えに，「それってどこでもあるじゃん」という声が挙がる。このやりとりを通して，「けがをしそうなところはどこだと思う？」とさらに尋ねた。多くの子が，「山」と呼ばれる場所を挙げ，「滑って転んで擦り傷になる」や「木の根に引っかかって転んでけがをする」と答えた。

そこで，「実際はどうなのか」と話しながら，保健室の来室記録をもとに作成した右の表（9月25日～29日）を提示した。同様の表を一人ひとりに配布するとすぐに，子どもたちは様々な観点から資料を整理し直し始めた。直接的な指示がなくとも，色分けしたり，数え上げたりしながら黙々と取り組む姿を見て，目の前の資料に，自由にじっくりと向かい合う時間を十分にとった。

表1　授業で提示した表
けが調べ（9月25日～29日）

曜日	学年	けが名	場所	校時
月	2	ねんざ	体育館	授業中
月	2	打ぼく	教室	授業中
月	2	打ぼく	体育館	授業中
月	1	すりきず	砂場	休み時間
月	5	つき指	体育館	授業中
月	1	すりきず	砂場	授業中
月	2	すりきず	ピロティ・モール	朝・中・昼休み
月	4	ねんざ	校庭	授業中
月	6	ねんざ	グリーンベルト	朝・中・昼休み
月	4	すりきず	校庭	朝・中・昼休み
月	2	ねんざ	ピロティ・モール	朝・中・昼休み
月	4	打ぼく	体育館	授業中
月	2	ねんざ	校庭	授業中
月	1	打ぼく	校庭	授業中
月	3	打ぼく	教室	そうじ
月	6	骨折	グリーンベルト	朝・中・昼休み
月	1	打ぼく	校庭	授業中
月	6	すりきず	廊下・階段	授業中
月	4	打ぼく	体育館	授業中
月	6	すりきず	校庭	授業中
月	4	すりきず	ピロティ・モール	朝・中・昼休み
月	1	骨折	山	放課後遊び
火	2	打ぼく	体育館	授業中
火	2	打ぼく	教室	授業中
火	2	ねんざ	ピロティ・モール	朝・中・昼休み
火	4	打ぼく	校庭	朝・中・昼休み
火	5	打ぼく	教室	授業中
火	2	ねんざ	体育館	授業中
火	3	打ぼく	体育館	授業中
火	2	打ぼく	教室	休み時間
火	6	すりきず	山	朝・中・昼休み
火	2	ねんざ	体育館	授業中
火	3	すりきず	体育館	授業中
火	1	鼻出血	教室	給食
火	3	ねんざ	廊下・階段	そうじ
水	6	打ぼく	廊下・階段	休み時間
水	1	打ぼく	教室	朝・中・昼休み
水	3	打ぼく	校庭	朝・中・昼休み
水	6	つき指	校庭	朝・中・昼休み
水	6	すりきず	体育館	授業中
水	6	つき指	体育館	授業中
水	4	打ぼく	校庭	朝・中・昼休み
水	4	打ぼく	校庭	朝・中・昼休み
水	1	打ぼく	校庭	朝・中・昼休み
水	4	すりきず	校庭	授業中
水	1	打ぼく	砂場	朝・中・昼休み
水	6	つき指	体育館	授業中
水	1	打ぼく	校庭	授業中
水	1	打ぼく	教室	そうじ
水	1	すりきず	校庭	授業中
木	3	切りきず	プレイルーム	授業中
木	2	つき指	体育館	授業中
木	6	つき指	体育館	授業中
木	2	打ぼく	ピロティ・モール	朝・中・昼休み
木	1	打ぼく	教室	授業中
木	3	打ぼく	プレイルーム	授業中
木	1	打ぼく	教室	給食
木	4	打ぼく	教室	休み時間
木	1	打ぼく	廊下・階段	朝・中・昼休み
木	2	打ぼく	校庭	朝・中・昼休み
木	4	ねんざ	ピロティ・モール	そうじ
木	1	打ぼく	体育館	授業中
金	4	打ぼく	教室	朝・中・昼休み
金	2	鼻出血	教室	授業中
金	3	打ぼく	校庭	授業中
金	2	打ぼく	校庭	授業中
金	4	打ぼく	山	朝・中・昼休み
金	4	すりきず	校庭	授業中
金	2	打ぼく	教室	そうじ
金	1	打ぼく	教室	そうじ
金	1	打ぼく	廊下・階段	休み時間
金	2	すりきず	体育館	授業中
金	4	すりきず	校庭	授業中
金	2	打ぼく	ピロティ・モール	放課後遊び

しばらくすると,「山が意外と少ない」「打撲,打撲,打撲,打撲。打撲祭?」「5年生は1人だけ?」「給食中にけがってどういうこと?」といった声があがり,班の友達と確認しながら,共有し合う時間となった。第2時も継続し,どのようなけがが多いのか,どこでけがが多いのか等について整理している活動状況を共有し,班で協力しながら資料を整理するとともに,整理してわかったことや疑問に思ったことなどを残しておくように伝えた。

第3時では,整理した右の表(実際は子どもがかいたものを拡大印刷)からわかることを確認した後,次のような疑問や感想を共有した。

表2 表1をもとに整理してつくった表

曜日ごとの人数		学年ごとの人数		種類ごとの人数		場所ごとの人数		時間ごとの人数	
曜日	人数(人)	学年	人数(人)	けが名	人数(人)	場所	人数(人)	時間	人数(人)
月	22	1	15	打ぼく	37	校庭	18	授業中	33
火	13	2	13	すりきず	16	体育館・プレイ	17	朝・中・昼休み	26
水	15	3	12	ねんざ	10	教室	16	そうじ	2
木	12	4	18	つき指	6	ピロティ・モール	8	休み時間	5
金	12	5	1	鼻出血	2	廊下・階段	5	給食	2
計	74	6	15	骨折	2	山	3	放課後遊び	6
		計	74	切りきず	1	砂場	3	計	74
				計	74	グリーンベルト	2		
						プレイルーム	2		
						計	74		

・授業中に打撲,しかも教室で……どういうこと?(体育館ならわかる)
・山が多いと思っていたけど3人で少ない。・何で教室が多いの? 等

計画では,「さらに,どこでどんなけがが多いのか?」といった問いを,子どもとのやりとりを通して共有しながら,二次元表のかき方について,示していくつもりでいたが,すでに,二次元表の形でまとめている班があったため,その取り組みを紹介した。そして,二次元表のイメージを皆で共有した後,個々で二次元表に整理していく時間とした。

表3 表1をもとに整理してつくった二次元表
けがの種類とけがをした場所(9月25日~29日) (人)

	校庭	体育館	教室	ピロティ・モール	廊下・階段	山	砂場	グリーンベルト	プレイルーム	合計
打ぼく	10	6	14	2	3	0	1	0	1	37
すりきず	5	3	0	3	1	2	2	0	0	16
ねんざ	2	3	0	3	1	0	0	1	0	10
つき指	1	5	0	0	0	0	0	0	0	6
鼻出血	0	0	2	0	0	0	0	0	0	2
骨折	0	0	0	0	0	1	0	1	0	2
切りきず	0	0	0	0	0	0	0	0	1	1
合計	18	17	16	8	5	3	3	2	2	74

第4時では，かき方を丁寧に確認した後，表からわかることを共有した。子どもたちは，打撲が教室で一番よく起こっていることに驚き，その理由を考えた。"机に挟む"等といった経験にもとづく理由や保健室の先生に訊いてみるという考え，そして，打撲がいつ起きているかについても調べる（「けがの種類」と「何校時」という項目で二次元表をつくる）必要があるという意見も出された。したがって，残りの時間は，班ごとに，調べたい2つの分類項目を決めて，二次元表にまとめることとした。

　第5時では，それぞれがまとめた二次元表を共有し，"けがをへらすため"に具体的に何をすべきかを考えた。ポスターで呼びかける際には，ポスターに表を載せてけがの様子を伝えた方が，説得力が増すという意見や，各教室だけでなく，階段や玄関など，多くの人が通る場所に貼った方がよいといった貼る場所についての議論もなされた。これらの意見をもとに，9つの班で担当場所を決め，その場所に合ったポスター作りに取り組んだ。

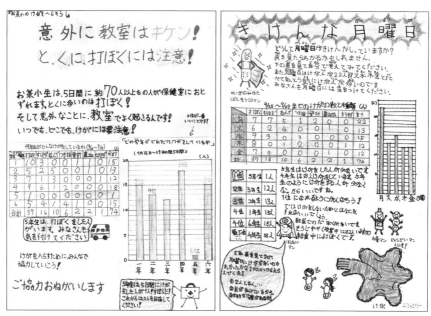

図1　子どもが作成した『けがを減らすためのポスター』

■授業を振り返って

　子どもの取り組む姿から，活動の目的を明確にして実際の資料を扱っていくことは，主体的に資料に関わり，必要に応じて様々な観点から資料を分析しく姿を引き出すことがわかった。また，教材研究を通して，教師は，打撲の多さ，とりわけ教室で一番起きていることに驚きと関心を持ちながら，授業を進めていた。そのような中，二次元表を見て，「擦り傷が教室でないのは教室に救急セットがあるから。保健室にわざわざ行かないんだと思う。切り傷もたぶんそう」のように，現実場面と関係づけながら数値の意味を解釈しようとする子どもの姿が見られた。たしかに，普段の生活をふり返ると，紙で指を切る等といったことが起こるが，教室で処置して済んでいた。また，「骨折のような大きなけがは，山やグリーンベルトで起きているから，山やグリーンベルトも結構危ない」といった，けがの種類に重みづけをして数値を解釈する子もいた。このような考えに，ある観点でしか資料を解釈しようとしていなかった教師（自分）の視野の狭さを痛感した。　　**（久下谷明）**

■異校種から見て

　本時は，一連の問題解決を単元の核に据え，その中で児童が必要感をもちながら二次元表を学んでいく取組であり，中高における単元構成に大いに参考になる。二次元表に整理した後，現実場面と照らして結果を価値付けし，ポスターにまとめることができており，自己の思考を深めるツールや他者へ発信するツールとして統計が有効に用いられている。このような単元を通して，児童は統計を学ぶ意義を大いに感じられるであろう。

　また本時のような展開から，統計グラフ全国コンクールに出展するなどの取組につなげられる。算数・数学科や総合的な学習の時間，特別活動における統計を用いた授業から，当コンクールにつなげていくことについては，総務省と日本統計協会が現職教員らと共同で作成した『生徒のための統計活用〜基礎編〜』（総務省政策統括官，2016）が参考になる（主に小中学生対象ダウンロード可）。　　**（附属中学校　藤原大樹，附属高校　三橋一行）**

授業例6
小学校
第4学年

グラフを用いて表現すること，読み取ること
グラフの見方

■学習のねらい

　これからの社会に生きる子どもたちに培いたい学力の一つとして，グラフ等を用いて自分の意見を表現することや，グラフからその事象の持つ意味を正確に読み取ることが挙げられる。即ち，非連続型テキストの読み書きが，これからの社会におけるリテラシーの一つになってくると考える。このような表現力と読解力は表裏一体の関係にある。

　何らかの意図を持って表現し，それを他者に読み取ってもらうことで，目的に沿った表現ができているかどうか，自己評価することができる。また，友だちがかいたグラフから，表現者の意図を考えることで，グラフを詳細に見て，そこに表されている事象を分析することができる。ここではその両面の学習を行うことで，学習効果がより高まると考える。

■教材について

　最初に人口統計表をみて，その印象を語り，その後，感じたことを元にしながら，テーマ決め，テーマ別のグループ毎に棒グラフ，折れ線グラフ等で表現していく。その過程で最初の印象を修正していくことも考えられる。グラフをかく際には表したいことを有効に表現するための工夫をする。

　グラフが完成した後，他のグループのグラフを見て，そこから読み取れることや，同じ国の人口を表現したグラフ同士を比較して，話し合う。そこで，データをグラフで表現することの意味や，読み取るときの留意点等に気づいていくであろう。

■育てたい主な資質・能力
●テーマにあわせて表現したいことがらをグラフに表す。
●複数のグラフを比較し,その特徴を知ると共に,グラフという手法による表現方法について理解を深める。

■授業の展開（全3時間）
□学習指導案

学習活動	指導の手立てや留意点
〔第1時〕 ・人口の表をみて感じたことを書く	・最初の印象を書かせる。この後,数値を分析していく過程で,感じたことが実態と異なる可能性もある。
この表は,1960年から2010年までの4つの国の人口を表しています。この表をみて感じたことを書きましょう。	
・感じたことをもとにテーマを選んでグラフをかく	・テーマに沿って,グラフの種類や目盛りの付け方を考え,自分でかいてみることを大切にする。
〔第2時〕 ・同じテーマの子ども同士でグループになり,グラフを完成させる ・自分たちのグループが表現したかったことやそのための工夫をまとめる	・相談しながら,自分たちの主張をより適切に表す方法を探っていくようにさせる。 ・グラフをかき上げた後,何を表現したかったのか,そのためにどのような手法を用いたのかを振り返らせることが大切である。
〔第3時〕 ・他のグループのグラフをみて分かることや,感じることを話し合う	・グラフの制作者の意図と,見た者の読み取りを比較したり,グラフから受ける印象と実態との相違等について話し合わせたりする。

□学習活動例

表1　授業で提示した表

単位（千人）

	1960	1965	1970	1975	1980	1985	1990	1995	2000	2005	2010
アフガニスタン	8996	9938	11126	12590	13248	11783	12249	17100	20094	25071	28803
韓国	25341	28907	32209	35387	38050	40809	42923	45299	47386	48708	49553
ギリシア	8272	8451	8660	9010	9635	9975	10249	10789	11142	11301	11446
ブルキナ・ファソ	4829	5175	5625	6155	6823	7728	8811	10090	11608	13422	15605

（国際連合ホームページ「世界の推計人口」より）

　広い世界に目を向け始めた小学生にとって，世界の様々な国の様子を知ることは興味深く，算数の目を通して，世の中を見ていく経験に触れることも期待できる。ここでは，4カ国（アフガニスタン，韓国，ブルキナファソ，ギリシア）の人口を取り上げた。これらの国は，本校と交流がある国（アフガニスタン，ブルキナファソ）と比較的身近で人口変動の比較がしやすい国から選んでいる。交流がある2カ国は，日本とは異なる立地や歴史，社会情勢であり，子どもたちは，これらの国の人と会ったことはあるが，その国の詳しい状況については，よく解らない部分も多いと考えられる。

　以下では，各グループのグラフを比較し，話し合った活動について述べる。

　ギリシアの人口変化について，複数のグループがテーマとし，グラフをかいた。それらのグラフを読み取りながら，子どもたちがグラフへの表現方法によって，印象がどのように変わるか，また，データは同一であるのだから，グラフをしっかりと読み取ることによって，正確な情報を得ることができることについて話し合った。

　尚，人口の変化に着目した場合は，折れ線グラフを用いるのが一般的だが，子どもによっては，「人口」という量を表現するために棒グラフを使いたいという者もいる。そのような場合は，実際にかいてみて，それぞれのグラフを比較し，その特徴を捉えて，グラフの理解を深めてくようにした。

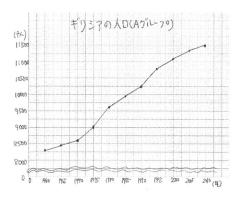

図2　児童が作成したグラフ①　　　図3　児童が作成したグラフ②

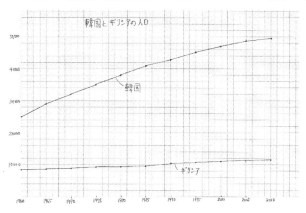

図4　児童が作成したグラフ③

　上記3つのグラフを見た子どもたちは，ギリシアの人口の変化の様子が全く異なって感じられることに気づいた。最初は，どちらがあっているのか（正解なのか）という論調だったが，それぞれのグラフを詳細に見て比較していくことを通して，どれも情報を正確にかいているが，そこから伝わる印象は，全くことなることが明確になってきた。

　そこで，各グループから表現の意図と工夫を発表させた。

　A：ギリシアの人口は増え方が激しくないと思った。それから，数字がきちんと表せるように目盛りを打つことに気をつけた。

B：グラフ用紙全体を使おうと思った。
　C：韓国とギリシアの人口の差を表したかった。韓国は一番人口が多くて，ギリシアは少ないから。
　Aグループはギリシアの人口変化が激しくないことを表現しようとしていたが，他のグループは，変化の様相を表そうとしたわけではなく，グラフ用紙という物理的な要因や，韓国との違いという観点からグラフの枠取りや目盛りを決めたことが分かった。これらのグラフをかいた子どもたち自身が，他のグループの子どもたちの受け取り方を聞いて，改めて自分たちのグラフを見直していた。
　同じデータを用いても，グラフへの表現方法によって，与える（受ける）印象が全く異なることが実感できた瞬間であった。この経験をして，子どもたちは表現したい事柄を意識してグラフをかくことに繊細に向き合うことになった。データを正確に表すだけではなく，表現したいことを相手（読み手）に伝えるためには，どのようなグラフを用いて，どのような目盛りを打って表していけばよいのかを考えなければならないことが実感として感じられた。
　また，グラフから受ける印象だけで，事象を判断する危険性も意識された。グラフをかいた人が意図したか，しなかったかにかかわらず，グラフの与える印象は強く，そこに表現されている事象の真の意味を隠してしまう場合のあることが，実際に経験から身に染みた瞬間でもあった。

■授業を振り返って

　4年生にとっては，かなり難しい課題であった。テーマの選択から，グラフの種類，目盛りの取り方まで，自分たちで考え，決定していかなければならない。そこで，途中からグループ活動とすることで，互いに思いを話し検討し合うことで，難しい課題にも取り組めるのではないかと考え，このような授業構成とした。
　同じデータでも表現方法によって，異なる印象を与えるという経験は，表

現と読み取りの両面において，今後のグラフの学習の大切な基礎になると考えられる。また，発展的な課題ではあるが，その解決の過程で基礎となる事柄を活用し，その意味を理解することができるという面からは，基礎の定着に資する課題であると考える。

また，人口の変化は折れ線グラフで表すものとの先入観を持ちがちだが，「棒グラフの方が，量が表せるのでそれを選びたい」というような子どもの発想は，学習の自由を広げたからこそ現れるものであり，大切にしていきたいと感じた。

尚，人口の増え方を前年度比や基年度比で扱う方法や，2カ国の人口比を見る見方等も含めていくことで，高学年でも取り扱える題材である。その場合，社会科や総合的な学習とも関連づけて，データの選択，収集，処理，判断という，よりダイナミックな実践が可能になるのではないかと思う。人口という数値が持つ意味は，社会の出来事や，これからの世の中を見る観点としても大きな可能性を秘めていると考える。

（神戸佳子）

■異校種から見て

本時は，データの項目，グラフの種類，目盛り等を児童が決めて表現している。新聞や広告などのグラフには「差を大きく見せたい」「変化がないように見せたい」など，発信者側の意図が込められている。何をメッセージとして伝えるか，そのためにどのグラフを用いるか，どう工夫して示すかなどは，統計的問題解決の結果を他者に伝達・発信する際に大切である。

本時は，第5学年で目的に応じて円グラフ，帯グラフなどを選択し表現する学習や，中学校第1学年で単一の集団の傾向をヒストグラムの階級幅を変えて表す学習，複数の集団の傾向をヒストグラムではなく度数折れ線を重ねて表す学習の素地となる。また社会にある統計を基にした表現を批判的に解釈するためにも必要である。（附属中学校　藤原大樹，附属高校　三橋一行）

授業例7
小学校
第5学年

データの信頼性を考える
測定値の平均（導入）

■学習のねらい

　第5学年「平均」の学習では，「ならす」という考えをもとに，「平均」を扱う。一般に，授業で扱うデータは信頼されるものかどうかを疑うことなく，その後の学習が進められることが多いと考える。しかし，統計的な問題解決では，データの信頼性を検討することが大切であるため，第5学年で「平均」の学習前に，目的に対してデータは信頼できるのかに考えを巡らせる機会を設けようと考えた。

■教材について

　本実践では，子どもたちがオリエンテーリングで歩いた道のりを地図上で測定した2つの班のデータを比較する場面を設定する。このデータは，林間学校のときに，4，5人の班で地図を見ながら歩いたルートを思い出し，地図上での道のりをひもや定規を使って各自が測定してものである。班ごとで各自が通ったルートは同じなので，測定した結果が等しくなるはずである。しかし，実際には異なっている。

2つの班が測った地図上の長さ（cm）

| A班 | 47 | 77.8 | 48.9 | 44.2 | 46.2 |
| B班 | 45.5 | 58.3 | 43.5 | 40 | 50.1 |

　A班の値の中で，77.8が他より極端に大きいため，77.8という値を測定のミスと捉える子どもが出てくると考えた。このことを契機として，これらの値を全て使って比較してもいいのかを子どもたちに考えさせる。

　子どもたちが測定した値を扱うことで，数値の違いから検討するだけでなく，どのように測定したのか，方法が適切であったかということまで戻って考えることができるようにした。

■育てたい主な資質・能力

●データ収集の手法を考え，データの適切さを検討することができる。
（思考力，判断力，表現力等）（D（1）ア（2））

■授業の展開
□学習指導案

学習活動	指導の手立てや留意点
1. 問題場面と問題を理解する	・前時の測定の様子思い出させながらデータを提示する。

問題　どちらの班が長く歩いたといえますか？

2つの班が測った地図上の長さ（cm）

A班	47	77.8	48.9	44.2	46.2
B班	45.5	58.3	43.5	40	50.1

学習活動	指導の手立てや留意点
2. 提示された値を使って比較してよいか考える C：77.8だけが大きすぎる。 C：B班だって，違いが大きい。 T：なぜ，こんなに違いが大きくなったのだろう。 C：ひもが伸びたから。	・測定者は，わからないと答える。 ・なぜ値同士の差が大きくなってしまったのか原因を考えるように促す。 ・測定時の様子を振り返り，測定に使用した物や方法が適切であったか考えさせる。
3. 測定方法の訂正案を考える T：どうすれば，もっと正確な値がだせるかな。 C：伸びないものを使って，ぴったり貼る。	・2で出た意見をもとに，より正確に測定を行うためにできることを考えさせる。 ・2で出た意見に対応させる。
4. 本時の学習を振り返る	・どのような測定方法がよいのか，まとめるように声をかける。

□学習活動例
(1) 測定の様子(前時)

歩いたルートを振り返り,地図上での道のりを測定した。教師からは「できるだけ正確に」測るように声をかけた。子どもたちは,たこ糸や毛糸,木綿糸,ビニールテープなどを地図に貼り付けることで,測定していた。通った道のりを間違えないように確認したり,糸などをずれないように貼ったりと,子どもたちなりに正確に測定しようとする様子が見られた。

図1　測定する様子

(2) 本時での様子
①測定方法を振り返る。

前時までに子どもたちが測定した値の中から,表1に示すように,

表1　2つの班が測った地図上の長さ(cm)

| A班 | 47 | 77.8 | 48.9 | 44.2 | 46.2 |
| B班 | 45.5 | 58.3 | 43.5 | 40 | 50.1 |

2つの班のメンバーが測定した値を抜粋して子どもたちに提示した。そして,どちらの班が長く歩いたといえるかを尋ねた。

表を板書し始めるとすぐに,子どもたちからは「えー」「ちがう」などの声があがった。

教師がこのデータを使って2つの班を比べていいか問いかけると,「ダメではない」という発言があったが,すぐに,A班の77.8という値が一つだけあることから,どれが正しいかわからないという意見が出された。そして,A班の一番大きい値である77.8と一番小さな値である44.2との差が33.6であり,違いすぎるということも話題になった。

すると,A班の値についてだけでなく,B班の値についてもおかしいという意見が出てきた。

C1：A班の方が差は大きいけど，B班も18.3 cmもかなり違うから。18.3 cmとか全然違うから。
T：今，差って言ってるのは，最大値と最小値の差ね。
C2：これ，測るものが違うと，差が出るじゃないですか。
T：測るものが違うと差が出るから……？
C2：だから，ゴムと鉄じゃ，
C3：変わってくる。だから測るものを共通したほうがいい。
C2：のびのびくんと……
C3：伸びない。自分がちゃんと測ってるつもりでも……。
C1：例えば，そうめんとひもでやったら，そうめんは伸びるじゃないですか。それで誤差が出る。
C4：でもそれでやったら時間とかも，時間によって伸びたり縮んだり。
C1：だから，そうめんとかはやめて……。

　この場面までは，多くの子どもたちが，測定値を比較することで適切かどうか判断していた。しかし，C2の「測るものが違うと，差が出る」という発言をきっかけに，測定に使用していた物が適切であったかどうかということを考えるように変化してきた。C3の「自分がちゃんと測ったつもりでも」という発言から，測定したときの様子を思い出しながら考えていることがわかる。そして，使ったものが適切ではなかったのではないかということが話題の中心になっていった。

②測定方法の特性を捉える。
　さらに授業が進んでいくと，使った物の特性について考えるように変化していった。

T：ちょっと話変わってきたよね。今までは数を見て，数が40くらいだとどうかとか，差が大きいとか。
C5：だけど，C2君ははかる物がちがうとやっぱりねって。
T：ダメだってことを言ってるの？

C5：正論。
C3：鉄のものとやわらかいものだと，自分はちゃんと正しく測っているつもりでも，かたい物やわらかい物だと誤差が出るから。

　これまでは，「そうめんではいけない」のように具体的なものをあげ，測定に使ってもよいかどうかという話し方をしていたが，徐々に「やわらかい」「かたい」などの，使った物の特性をもとに考えるように変化していった。
　そして，「伸びるもの」を使って測ることは良くないことが確認された。

　さらに，地図が同じであるか，道のりを誤解してはいなかったか，など測定方法以外の内容についても話題になり，それらの事柄については測定を始める前の前提として確認することになった。
　そして，個々に自分たちの測定の様子を振り返り，正確な値を求めるためには，もう一度測定を行うという結論に至った。

■授業を振り返って

　授業では，教師から与えられたデータを疑うことなく，子どもたちがそのデータを使って計算にうつっていくことが多い。本実践では，子どもたち自身が測定した値をデータとして授業で提示したことで，測定方法が適切であったかということを話し合うことができた。そして，測定方法が確実なものでない場合，その値も比較の対象として採用せずに，もう一度測定をやり直すという決定に至った。データが適切であるか考えることは，データにどのような統計的処理を行う場合でも必要になる。そのため，データの背景にある，データ収集の方法を振り返り，その方法が信頼できない場合，データも信頼しないという経験は，子どもたちにとって今後の統計に関する学習の素地になると考える。
　一方で，授業後の子どもたちの感想から，正確に測ることができれば，測定方法が異なっていても，全員の測定した値が同じになるはずだという感覚

が強いことが分かった。このような感覚が強い場合，測定には必ず誤差があるということに気付くことは難しい。そして，子どもたちにとって「測定値の平均」を求める価値が見いだせなくなることが考えられる。そのため，学級全員が同一の方法で同じ道のりを複数回測定することを経験させることも検討の必要があると考える。

　その後の「平均」の授業では，教師から提示されたデータの値を吟味し，全ての値を使ってもよいか真剣に考える子どもの姿が見られた。また，複数回測定したことで，どんなに丁寧に測定を行っても得られる値にはずれがあるということに気付く子どももいた。このことは，真の値を得るために「平均」を行う「測定値の平均」の考えにつながっていくと考える。

（河合紗由利）

■異校種から見て

　本時では，真の値に近い値を得るために測定値の平均を求める前段階として，測定値1つ1つをていねいにみて，極端にかけ離れた値（外れ値）の扱いをどうすればよいかを学級で協働的に考える授業を試みている。

　社会で行われる統計的問題解決では，目的に沿ってデータを収集した後，統計的に整理・分析する前に，異常な値や欠損した値，重複した値などがないかを調べる。これを「データクリーニング」という。このように，得られた1つ1つのデータの信頼性に目を向けることは，統計的問題解決において不可欠である。これから学んでいく統計的問題解決に向けて，"データとの付き合い方"を経験的に学ぶ貴重な機会として，本時は捉えられる。

　このような取組は，小学校第6学年で代表値（平均値，中央値，最頻値など）や柱状グラフについて学習する際にも必ず生きてくる。中学校におけるヒストグラム，範囲，箱ひげ図での学習，高等学校における分散，標準偏差の学習でも同様である。

　なお，児童生徒の実測等のデータを扱う際，外れ値の扱いには，特に人権的な配慮に十分留意したい。**（附属中学校　藤原大樹，附属高校　三橋一行）**

授業例8
小学校第6学年

観点によってデータを見直し、グラフをつくり替える

柱状グラフと代表値

■学習のねらい

本実践でのねらいは以下の2点である。
① 目的と照らし合わせ、分析した結果が妥当かどうかを考察する
② 観点を変えてデータを見直し、必要に応じてグラフをつくり替える

これまでに子ども達は、最大値、最頻値、平均値などの代表値を用いたり、散らばりの様子をドットプロットや柱状グラフ、度数分布表に表したりすることで集団の特徴について考察する学習を行ってきた。代表値や表やグラフは、目的に応じてどれが使えるかを判断する必要がある。また、結果を批判的に考察し、再度判断することも大切である。観点を変えてデータを見直すことで、目的に合ったグラフにつくり替える等、より良い分析方法を吟味し、選択していく力を育んでいきたい。

■教材について

ストップウォッチの表示を見ずに丁度10秒で止める実験を行う。そして、子ども（6年生）の記録と大人（教員）の記録とを比較し、どちらの集団の方が10秒に近い人が多いかを調べる。その際、多くの子どもが実測値の平均を出して比較してしまうだろう。しかし、後に述べる様に、この場合に実測値の平均値で考察することは適切ではない。さらに、この教材のおもしろさは、基準となる値（10秒）があることである。この10秒からの差としてデータを見直し、10秒との差の平均値で比較したり、10秒との差の値を柱状グラフにして比較するなど、基準となる値を使った分析方法を検討させることで、より良い方法を考察させる。この様に、分析した方法や分析結果が正しいものなのかどうか吟味させることで、批判的に考察していくよう

にしたい。

■育てたい主な資質・能力
●目的に応じてデータを集めて分類整理し，データの特徴や傾向に着目し，平均値などを用いて問題の結論について判断するとともに，その妥当性についてデータの信頼性の観点から考察すること（思考力，判断力，表現力等　D（1）イ（ア））

■授業の展開（全4時間）
□学習指導案

学習活動	指導の手立てや留意点
[第1時] 1. 問題場面と問題を理解する。 ・時計を見ずにストップウォッチで10秒を計測する。 T：子どもと大人ではどちらが10秒に近い人が多いかな。 2. 子どもと先生の結果を比較し，どちらの集団が10秒に近い人が多いか分析する。 C：柱状グラフをかいて比べると……。 C：9.50秒以上10.50秒未満の人数の割合で比べると……。 C：平均で比べると……。（誤答） [第2時] 3. 柱状グラフを比較しやすいようにつくり替える。 4. 納得できる比べ方を選ぶ。 [第3・4時] 5. 新たな課題に取り組む。	・データをとり，各自で分析させる。 ・自分の考えを他者の考えと比較しながら，考えの妥当性を批判的に考察させる。 ・10秒との差の値で柱状グラフを作り替え，最初につくった柱状グラフと比較する。

□学習活動例
(1) データを収集する

　時計を見ないで 10 秒ピッタリで止められるかゲームを行った。子どもたちは目をつぶって 10 秒だと思ったところでストップウォッチを押す。全員の結果が出た後,「私達のクラスは 10 秒に近い人が多いと言えるのか, 他のクラスと比べてみたい」「子どもと大人では, どちらが 10 秒に近い人が多いか比べてみたい」という意見が出された。本時の課題は, より意見が多かった「子どもと大人の結果を比べる」こととし, 本校の教員にも同じように 10 秒を計ってもらい, 子どもと大人の測定データを比較した。

表1　子どもと大人の測定データ

子ども

	(秒)		(秒)
1	11.01	17	10.20
2	11.87	18	11.12
3	8.57	19	9.12
4	10.42	20	10.72
5	11.76	21	9.95
6	10.84	22	9.01
7	10.56	23	9.96
8	10.17	24	10.86
9	10.06	25	17.02
10	11.28	26	10.90
11	9.51	27	10.90
12	10.83	28	9.63
13	10.57	29	11.69
14	10.04	30	10.90
15	12.58	31	10.49
16	9.41		

大人

	(秒)		(秒)
A 先生	11.27	Q 先生	8.49
B 先生	14.08	R 先生	9.18
C 先生	9.00	S 先生	10.44
D 先生	10.26	T 先生	7.80
E 先生	9.39	U 先生	11.61
F 先生	12.65	V 先生	10.54
G 先生	12.51	W 先生	9.36
H 先生	9.84	X 先生	7.79
I 先生	9.94	Y 先生	10.50
J 先生	11.60	Z 先生	8.19
K 先生	7.75	α 先生	9.63
L 先生	11.14	β 先生	11.24
M 先生	9.38		
N 先生	6.44		
O 先生	12.14		
P 先生	6.21		

(2) 測定値を比較し, 分析する

　まず, 表のデータを提示し, 大人と子どもどちらの方が 10 秒に近いといえるかを自分なりの方法で分析させた。

【子どもの分析例】
・9.5 秒以上 10.5 秒未満の人数の割合で比べる（子どもは約 32 %, 大人は約 18 %だから, 子どもの方が 10 秒に近い人が多い）。

- 9秒台もしくは10秒台の人数の割合で比べる（子どもは約71％，大人は約43％だから，子どもの方が10秒に近い人が多い）。
- 柱状グラフをかいて比べる（子どもは10.5秒以上11秒未満が1番高い山型になっていて，その付近に集中している。一方，大人は，9秒以上9.5秒未満が1番多いが，散らばりが大きいので，子どもの方が10秒に近い人が多い）。
- 平均を使って比べる。（誤答）

(3) 結果が妥当かどうか批判的に考察する
授業では，平均による比較から取り上げた。

> 子どもの平均……10.71秒
> 大人の平均………9.94秒　だから，大人の方が10秒に近い人が多い

この意見に対して，本当にこの比べ方でよいのか批判的な意見が出された。どうして平均で比べてはいけないと考えたのか，2つの反例が挙げられた。

- 「例えば，0秒の人と，20秒の人がいたとして，2人の平均はちょうど10秒だけど，2人とも10秒には近くない。」
- 「B先生（14.08秒）とP先生（6.21秒）の様に10秒から離れていても，平均すると10秒近くになってしまう。」

これらの反例から，実測値の平均では，10秒に近い人が多いかどうか判断する材料にはならないと子どもたちは結論づけた。

(4) 10秒との差へデータをつくり替える
次に，「差の平均」だったら，比較してよいのではないかという意見が出された。すなわち，10秒からどれだけずれているか10秒との差を出した上で，その平均を求めるというアイディアである。そこで，子どもと大人の実測値のデータから，表2のように10秒との差のデータにつくり替えた。子どもの差の平均は約1.02秒，大人の差の平均は約1.48秒だとわかった。こ

こから，子どものほうが10秒に近い人が多いと言えるだろうという結論が導かれた。

表2 測定データを10秒との差で表し直したデータ

子ども

	(秒)		(秒)
1	1.01	17	0.20
2	1.87	18	1.12
3	1.43	19	0.88
4	0.42	20	0.72
5	1.76	21	0.05
6	0.84	22	0.99
7	0.56	23	0.04
8	0.17	24	0.86
9	0.06	25	2.98
10	1.28	26	0.90
11	0.49	27	0.90
12	0.83	28	0.37
13	0.57	29	1.69
14	0.04	30	0.90
15	2.58	31	0.49
16	0.59		

大人

	(秒)		(秒)
A先生	1.27	Q先生	1.51
B先生	4.08	R先生	0.82
C先生	1.00	S先生	0.44
D先生	0.26	T先生	2.20
E先生	0.61	U先生	1.61
F先生	2.65	V先生	0.54
G先生	2.51	W先生	0.64
H先生	0.16	X先生	2.21
I先生	0.06	Y先生	0.50
J先生	1.60	Z先生	1.81
K先生	2.25	α先生	0.37
L先生	1.14	β先生	1.24
M先生	0.62		
N先生	3.56		
O先生	2.14		
P先生	3.79		

(5) グラフをつくり替える

次時に，表2の値を柱状グラフにつくり替える時間を設けた。データを見直し，10秒との差に置き換え，柱状グラフに表し直すことで，より10秒から近いかどうかがわかる。実測値の柱状グラフでも散らばりは分かるが，10秒との差での柱状グラフを見ると，より子どもと大人の違いが分かりやすくなり，クラスでは「子どもの方が大人より10秒に近い人が多い」という結論に至った。

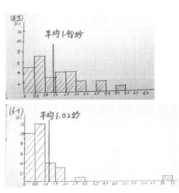

図1 子どもが作成した柱状グラフ

(6) 新たな問いを見出す

　課題を解決して終わるのではなく，そこから新たな問いを見出し，思考し続ける学びの過程を大切に扱いたい。第3，4時では，「年齢別で比べる」「（同じ集団の比較で）静かなところと，速いテンポの音楽がかかっているところで計った時を比べる」「（同じ集団の比較で）運動前と運動後で比べる」など，新たな問いが子どもたちから出された。その中から課題を絞り，最後に結果や考察をレポートにまとめた。

■授業を振り返って

　目的に応じてデータを収集し，適切な手法を選択することは統計的な問題解決を行う上で大切な観点となる。本実践では，「10秒との差」をどのような手法で表すかがポイントとなった。測定値と10秒との差に着目してデータを収集し直し，その値の平均を求めたり，柱状グラフに表したりするなど，データを見直し，目的に応じたグラフにつくり替えることで，考察を深めることができた。本実践は，6年間で学習した統計的問題解決のまとめであるとともに，中学校での学習の素地となったと考える。　　　　（岡田紘子）

■異校種から見て

　本時は，第5学年「測定値の平均」で学んだデータ収集での測定の重要性の上に立ち，データの意味と分析する目的を批判的に捉え，一連の分析の後に再度データやグラフの表し方を修正するなど，児童はデータの本質を探究的に見抜こうと試みている。「『問題』から『結論』に向けて一方向に進んでいくものではなく，計画を立てながら問題を見直して修正を加えてみたり，グラフを作り直して分析したり，ときにはデータを集め直したり，相互に関連し，行き来しながら進む」（文部科学省，2017c, p.68）という過程を主体的に踏んでいる。その中で，高校の偏差の考えの素地が児童から出される興味深い事例といえる。　　（附属中学校　藤原大樹，附属高校　三橋一行）

総合的な学習と統計（小学校）

■子どもが社会と出会うとき

　創造活動（本校での「総合的な学習の時間」の名称）で様々なテーマに取り組むとき，学習は学校を飛び出し，社会の生の姿に出会う。ここでいう「生の」とは，「学習用に加工されていない」程度の意味である。教科書や児童用の図書では，子どもたちにとって扱いやすいだろうと（おとなが考える）かたちに整えられた内容，表現，数値が与えられるが，実際の社会で出会うものは，複雑であったり，矛盾に満ちていたりする。そこで子どもたちは，戸惑いを感じながら，何とかそれらを自分たちの力で読み解こうとする。その時手掛かりになるのが，各教科で学習してきたこと，身につけてきたことである。

■総合的な学習ならでは

　例えば，創造活動で身の回りの日本文化について学習し，日本の伝統文化の能，狂言，茶道，華道等について，小学生がどの程度知っているのかを知りたいと考えたとする。書物やインターネット等でその事柄に関するデータを調べることも一つの方法である。あるいは，同学年の児童にアンケートを取る方法もあるかもしれない。

　興味や関心を，明確化し，数学的処理が可能な課題とするためには，いくつかのハードルがあるだろう。さらに，その結果をどのように判断するのかがとても重要である。

　上の例でいうならば，「小学生がどの程度知っているのか」という文章の中の「知っている」をどうとらえるかによって，結果は異なってくることが予想される。「名称を聞いたことがある」「見たことがある」「内容を知って

いる」などの分類が考えられるし,「内容を知っている」に至っては,どのような状態をもって「内容を知っている」といえるのかという新たな疑問が生まれる。しかし,子どもたちは,そのような細かなことには目がいかないのが一般的である。そして,「日本の『お花』を知っていますか。はい,いいえで答えてください」というようなアンケートをし,その結果をグラフに表すということが,往々にして見られる。

　このことを否定するわけではない。そのような経験は大切であるし,まずは自分の手でアンケートを作成し,その結果を処理するという体験はぜひとも積ませたい。しかしながら,そこに留まっていてはならないと考える。自分が得たデータの意味を見直すこと,そのデータが自分の疑問の答えとして適切なのかどうかを考えることは,統計的な見方の根幹であるし,総合的な学習での育成が期待できる資質の一つであると考える。

■学習が社会に影響をあたえること

　社会と深くかかわりながら学習活動を進めて,考察してきたのであれば,その結果をぜひ社会に還元させたい。できることならば,実際に影響を与えたいと考える。そこまで行うことができれば,学びは単なる真似事ではなくなる。総合的な学習の例ではないが,本校の家庭科で,校内の生活改善点を考える学習を行った。あるグループが,廊下が暗くて掲示板が見にくいという日頃の思いを取り上げ,照度をはかり,基準値と比較して改善を訴えるプレゼンテーションを行った。これをもとに養護教諭らが衛生委員会に提案し,その後,廊下の照明設備が改修された。自分たちの調査結果が,大人を動かし,設備の改修につながるかもしれないと知った子どもたちは大いに喜んだ。残念ながら,改修の完成を待たずに卒業してしまったのだが,その経緯は,在校生たちに伝えられ,意欲を高めるのに役立っているのではないかと思う。

（神戸佳子）

小学校から中学校へ

■小学校での学び

　中教審算数・数学 WG による「審議の取りまとめ」には，「小中高等学校を通じた統計教育のイメージ」として以下の記載がある（下線は筆者）。

【小学校】
- 統計的に分析するための知識・技能を理解し，<u>身近な生活の場面</u>の問題を解決するためにデータを集めて表やグラフに表し，統計量を求めることで，分布の傾向を把握したり，二つ以上の集団を比較したりして意思決定につなげる。
- <u>統計的手法を用いて出された結果を多面的に吟味する。</u>

　このような活動を通して，小学校高学年では次の内容を学ぶ。

〈データの収集とその分析〉
- 統計的な知識・技能の意味や求め方，特徴と用い方を理解すること。
- データの収集や適切な手法の選択など，統計的な問題解決の方法を知ること。
- 目的に応じてデータを集めて分類整理し，データの特徴や傾向に着目し，問題解決のために適切なグラフを選択したり代表値などを用いたりして判断するとともに，その結論などについて多面的・批判的に考察すること。

　統計的な知識・技能として，第 5 学年では円グラフ，帯グラフ，測定値の平均，第 6 学年では代表値，ドットプロット，柱状グラフなどといった記述統計の基礎を学ぶ。第 5 学年は質的データや量的データを割合の目で考察し，第 6 学年は量的データの中心傾向や散らばり具合を考察してきている。

■中学校での学び

前掲の「イメージ」に，以下の記載がある（下線は筆者）。

【中学校】
・統計的に分析するための知識・技能を理解し，<u>日常生活や社会生活の場面</u>において<u>問題を発見し，調査を行いデータを集めて表やグラフに表し</u>，統計量を求めることで，分布の傾向を把握したり，<u>二つ以上の集団を比較したりして</u>，問題解決や意思決定につなげる。
・データの収集方法や統計的な分析結果などを多面的に吟味する。

このような活動を通して，中学校では次の内容を学ぶ。

〈データの分布〉
・統計的な知識・技能の必要性と意味を理解すること。
・コンピュータなどの情報手段を用いるなどして，無作為に標本を取り出したりデータを表やグラフ，図に整理したりすること。
・目的に応じてデータを収集して分析し，データの分布や母集団の傾向を読み取り，批判的に考察し判断すること。

統計的な知識・技能として，中学校の第1・2学年ではヒストグラム，相対度数，累積度数，四分位範囲，箱ひげ図などといった記述統計の基礎を学ぶ。第1学年から統計的確率を学習するため，記述統計と確率と関連付け，推測統計への入口である第3学年の標本調査の学習につなげたい。

■接続にあたって

小学校第6学年と中学校第1学年では，取り上げる問題と知識・技能に類似や重複が想定される。そこで，小学校と中学校での問題解決の質の違いについて，データの個数，扱う集団の数，ICTの活用，根拠の明確性等の観点から検討し，単元及び授業づくりに生かしていく必要がある。また，中学校では小学校での統計的な問題解決の経験を生かし，問題を発見・解決した後，データの収集方法の改善やデータの層別などにより問題を再設定し，よりよい解決を目指す活動にも挑戦させたい。

（松本純一）

中学校数学科の新しい内容

■累積度数，累積相対度数

下の表はある病院の待ち時間について調べたデータを度数分布表にまとめたものである。ここでの用語について解説する。

回数（分）以上〜未満	度数（人）	相対度数	累積度数	累積相対度数
0〜10	2	0.04	2	0.04
10〜20	3	0.06	5	0.10
20〜30	12	0.24	17	0.34
30〜40	13	0.26	30	0.60
40〜50	10	0.20	40	0.80
50〜60	8	0.16	48	0.96
60〜70	2	0.04	50	1.00
計	50	1		

相対度数：その階級の度数を度数の総和で割った値。相対度数は大きさの異なる2つ以上の集団の階級ごとの比較をする際などに有効な値である。相対度数の合計は理論上1になるが，四捨五入の影響で必ずしもそうならない場合があることに注意したい。

累積度数：最小の階級から各階級までの度数の総和。

累積相対度数：累積度数を度数の総和で割った値。例えば，病院の待ち時間がどれくらいかについて，「何分未満の人が多い」という観点で調べる場合はこの累積度数や累積相対度数を用いればよい。上の表の累積相対度数からは，待ち時間が20分未満の人は全体の1割であることがわかる。

■四分位数，四分位範囲，箱ひげ図

データのばらつきを把握する数値の1つとして四分位数がある。**四分位数**は，すべてのデータを小さい順に並べて，4つに分けたときの3つの区切りの値であり，小さい方から，第1四分位数，第2四分位数，第3四分位数といい次のように定められる。

第2四分位数は中央値である。また，中央値によって分けられた最小値を含む前半部分の中央値が**第1四分位数**，中央値によって分けられた最大値を含む後半部分の中央値が**第3四分位数**である。

例：あるクラス18人の数学の小テスト（20点満点）の点数を低い順に並べた。このデータの四分位数を求めてみよう。

7, 9, 12, 13, 13, 15, 15, 16, 16, 17, 17, 17, 18, 18, 18, 19, 19, 20, （点）

第2四分位数：9番目の16点と10番目の17点の平均値であるから第2四分位数は16.5点

第1四分位数は前半部分 7, 9, 12, 13, 13, 15, 15, 16, 16 の中央値である。よって，第1四分位数は5番目の13点。

第3四分位数は後半部分 17, 17, 17, 18, 18, 18, 19, 19, 20 の中央値である。よって，第3四分位数は5番目の18点。

さらに，最大値から最小値を引いた値20-7=13（点）を**範囲**，第3四分位数から第1四分位数を引いた値18-13=5（点）を**四分位範囲**という。

範囲はデータの100％が含まれる区間の大きさを表し，四分位範囲はデータの中心付近のほぼ50％が含まれる区間の大きさを表す。

最大値，最小値と四分位数を利用して，データの様子を下のように表した図を**箱ひげ図**という。（さらに平均値を＋の印で記入することもある。）

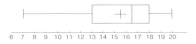

箱の長さが四分位範囲，ひげの長さが範囲を表しており，最小値から第1四分位数（左側のひげ部分），第1四分位数から第2四分位数（箱の左側），第2四分位数から第3四分位数（箱の右側），第3四分位数から最大値（右側のひげ部分）にそれぞれ約4分の1のデータが含まれていることになる。よって，箱やひげの長さをみることで，データの散らばり具合を把握でき，複数のデータの分布を比較する場合などに使われる。　　　（十九浦美里）

授業例9
中学校 第1学年

統計的な根拠を明らかにして説明する

度数折れ線と相対度数

■学習のねらい

　本時は，単元「データの散らばりと起こりやすさ」（全15時間）の第7時に当たる。生徒は，データの散らばりについて，これまでにデータの分布の傾向を度数分布表やヒストグラム，度数折れ線，代表値，範囲，を用いて読み取ることを学習している。生徒がデータの傾向を読み取り，批判的に考察し判断するためには，①統計的な知識の意味だけでなく，その必要性を理解していること，②統計的な根拠を基にした説明に止まらず，根拠を明らかにした説明ができることが必要であると考える。本時では，根拠を明らかにした説明の方法知，相対度数の必要性に焦点を当てる。

■教材について

　本単元の導入では，反射神経の話題から，落下する定規を瞬時に掴む実験「ルーラーキャッチ」（藤原，2011）を行い，クラスにおける自分の位置や自他のクラスの傾向の違いなど，生徒が抱いた素朴な問いを基に授業を展開してきた。前時では，1，3年生の計8クラス（データ数はほぼ同数）から2つ各自で選び，統計ソフトstathistで比較し，説明を記述した。本時ではこれを読み合い，その工夫点を共有した上で，データ数が異なる2つの集団の比較を試みる。その過程で，相対度数と出会わせる。

■育てたい主な資質・能力

●相対度数の必要性と意味を理解すること（知識及び技能：D（1）ア（ア））
●目的に応じてデータを収集して分析し，そのデータの分布の傾向を読み取り，批判的に考察し判断すること（思考力，判断力，表現力等：D（1）

イ（ア））

■授業の展開
□学習指導案

学習活動	指導の手立てや留意点
1. 前時の記述を基に説明し合う T：4人組で回し読み，意見し合おう。 S：グラフがガタガタで見づらい。 S：中央値がいくつか具体的に書けばいい。	・多面的に吟味させる。 ・結論と根拠の2点に絞って意見交換させる。
2. よりよい説明の工夫点を出し合う 根拠を明らかにして説明するにはどう工夫すればよいだろうか。 S：グラフから傾向が見えづらくならないように，階級の設定を工夫する。 S：ここでは中央値が根拠にしやすい。 S：ここでは最頻値は根拠として弱い。 S：代表値の各値やその差をかくとよい。 T：ノートに書いておきましょう。	・意見交換を基に，工夫点を多様に出させ，教師が細くしながら板書して，ノートに記録させる。
3. 見いだした工夫点を生かして説明する T：工夫点を生かして説明しましょう。 お茶中の1年生と先生とではどちらの反応時間が短いか説明しよう。 T：データをstathistに貼り付けましょう。 S：（画面を見て）あれ？　前回と違って人数が異なるから，グラフが見づらいなぁ。 T：よい方法はありませんか？ S：割合を出してグラフを作る。 T：その割合を『相対度数』といいます。先ほどの工夫点に書き加えておこう。	・収集しておいたデータをExcelで配付する。 ・stathistの画面を印刷して，説明を記述させる。

□学習活動例

　前時では，例えば「1年梅組（略称：1U）と3年梅組（略称：3U）とでは，どちらの反応時間が短いといえるだろうか」のような問題を各自で設定し，統計ソフト stathist にデータを入力して（貼り付けて）分析し，印刷したものに結論と根拠の説明を記述した（例えば，図1）。

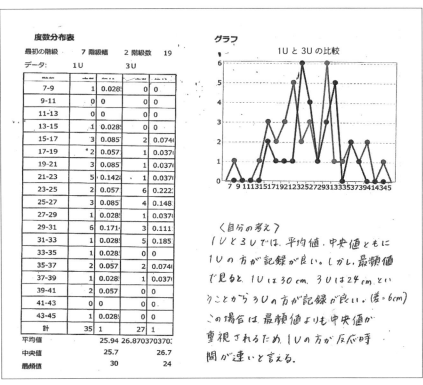

図1　前時の記述

　この記述を基に，4人組で回し読みをして，意見交換をさせた。各自が異なる集団を選んで問題を設定しているため，お互いの記述に対して関心をもって読み合う姿が見られた。意見し合う視点としては，根拠が明らかかどうか，結論は妥当といえるかに焦点化して，グラフや代表値など，多面的に検討させるように声掛けをしていった。生徒たちは，「グラフがガタガタ過

ぎて傾向が読み取りづらくなっちゃったね」,「中央値がいくつか具体的に値を書いた方がいいんじゃないかな」,「外れ値がないから平均値も根拠に使えると思う」,「最頻値は根拠として弱いと思う」などの意見を出していた。

次に,「どんな意見が出されたかな。これからの説明に生かせそうなことはありますか」と問いかけ,「根拠を明らかにして説明するにはどのように工夫すればいいでしょうか」と伝え,発言を求めた。すると,グラフの表し方,代表値の用い方,外れ値の有無など,生徒から出され,それらを板書して,生徒はノートに記録した（例えば,図2）。

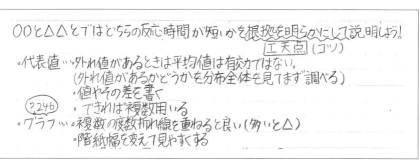

図2　生徒が記述した工夫点

代表値の特徴については,それまでの学習を記録したノートや教科書を開きながら復習していった。

共有したこれらの工夫点を基に,次の説明に生かすように生徒たちを動機付けし,「次は,同年代の集団同士ではなく,異なる年代を比較してみましょう」と伝えた。「今度は,中学校1年生と大人とを比べます。年齢による差はあると思いますか？」と問いかけ,結果を予想させて関心を高められるようにした。データはどうするかを生徒に問いかけたところ,中学校1年生のデータとして「お茶中の1年生」を用いること,大人のデータとして「お茶中の先生」に実験をしてデータを収集することが提案され,クラスの合意を得た。その上で,「実は,もう既に実験をしてもらって,データを集めてあります」と伝え,データを生徒たちにデータで配付した。なお,説明については,本時で共有した「統計的な根拠を明らかにして説明するための

工夫点」を十分に生かすように伝えた。

　生徒たちは，stathistにデータを入力し，度数分布表やヒストグラム，度数折れ線を表示させたり，最初の階級の最小値や階級幅を変えたり，代表値を求めて比較したりして，分析していった。ここで，徐々に生徒たちが，度数折れ線の見づらさについて気付き始め，それについての発言が多くなった。

　そこで，どうしたらグラフが見やすくなるのかを問いかけ，「片方の各度数を何倍かする」，「割合を出す」という意見が出された。これらを基に用語「相対度数」を紹介し，stathistで表示させた。すると，度数折れ線は図3から図4のように，見やすくなった。

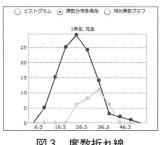
図3　度数折れ線

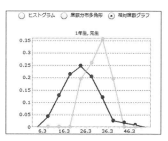
図4　相対度数折れ線

　相対度数の必要性を生徒に感じさせつつ，その意味や求め方の詳しい学習は次時に行うこととした。stathistの画面を印刷し，説明を書いていった（例えば図5）。代表値を具体的に挙げ，その差に着目して記述できている。

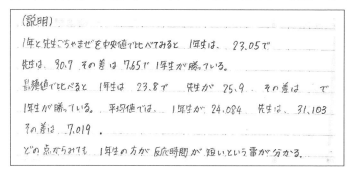
図5　本時の記述

■授業を振り返って

　本時では，統計的な根拠を明らかにして説明するための工夫点を方法知として共有，自覚化し，その後の活動に生かす一連の活動を設けた。それにより，生徒自身が統計的な根拠を明らかにしてデータの傾向を読み取り考察・判断し表現することや，日常生活で他者による統計的な主張等を目にしたときに根拠の妥当性に着目して批判的に考察することが期待できる。

　統計的な根拠は，グラフや代表値だけではない。集団の傾向を割合に着目して考察する場面では，相対度数が判断などの根拠として価値が高い。例えば，相対度数を小さい方の階級から累積して累積相対度数を求めて分析したり，相対度数を確率とみなして意思決定したりすることも考えられる。相対度数は，どのような場面で活用できるのかに気付かせることが大切である。

（藤原大樹）

■異校種から見て

　小学校第5学年では，割合の学習と関連して円グラフや帯グラフについて学習する。帯グラフ，円グラフは，与えられた数値を百分率で表現し，グラフに表したものである。与えられた数値をそのままグラフ上に表現するのではなく，数値を割合で捉え表現するというところが，今回の実践の素地になっており，小学校で培った割合で考える眼が活かされている。このような理解のもと，子どもの説明の質を高めることは，他者の統計的な表現を批判的に解釈する上で，とても大切である。　　　　（附属小学校　河合紗由利）

　本時では，大きさの異なる複数のデータを比較する際に相対度数を用いることの有用性に関して，生徒から自然な形で引き出すことで深い理解につなげている。また，代表値等の値とグラフなどの複数の情報を組み合わせ，いくつかの観点からデータの傾向を読み取り説明することは，扱う概念や用語は異なるが高等学校でも指導している。校種を超えてスパイラルに学習を行うことで，生徒にとって統計が身近なもの・活用すべきものとして説明するためのツールに位置付けられていくと考える。　　　　（附属高校　阿部真由美）

授業例10 中学校第1学年

累積度数及び累積相対度数の必要性と意味を理解する

累積度数

■学習のねらい

　本時は，単元「データの散らばりと起こりやすさ」（全15時間）の第9時に当たる。生徒は，データの散らばりについて，これまでにデータの分布の傾向を度数分布表やヒストグラム，度数折れ線，代表値，範囲，相対度数などを用いて読み取ることを学習してきている。

　これらを踏まえ，本時では過去のデータを基にした問題解決を通して，累積度数及び累積相対度数の必要性と意味を生徒が理解できるようにする。

■教材について

　本時では，主人公が自身の小遣い月額を親に上げてもらうために，いかに自分の額が他と比べて低いのかを主張する方法を自立的，協働的に考える場面を設ける。データは，授業者が過去の実践で収集した実際の小遣い月額のデータを扱う。このデータは極端に大きな値（外れ値）を含んでいる。したがって，平均値などより自分が低いことを基に主張しても，説得力にやや欠ける。このことを基に批判的に考察し，小さい方からの複数の階級における度数や相対度数の和を基に考察し表現する機会を設ける。

■育てたい主な資質・能力

- 累積度数及び累積相対度数の必要性と意味を理解すること（知識及び技能：D（1）ア（ア），用語・記号）
- 目的に応じてデータを収集して分析し，そのデータの分布の傾向を読み取り，批判的に考察し判断すること（思考力，判断力，表現力等：D（1）イ（ア））

■授業の展開

□学習指導案

学習活動	指導の手立てや留意点
1. 提示された場面から問題を見いだす T：お小遣いを上げてもらうにはどうしますか。S1：母にねだる　S2：交渉する。 T：こんな場面はありませんか。（以下、例） 　大介：お小遣いもっとちょうだい。 　　　　みんなもっともらってるよ。 　母：みんなって誰よ！ S3：ある，ある。 T：そこでデータを集めました。 　問題　2,000円のお小遣いをもらっている大介くん。統計を使って，額が少な過ぎることを親に訴えよう！	・場面設定が生活経験と密着する生徒としない生徒がいる可能性があるため，主人公は中3であるとし，生徒の状況には深入りしない。 ・寸劇を行い，場面を理解しやすくする。 ・個人→班→隣の班，という本時の活動の流れを事前に伝えておく。
2. 主張する方法を考察する T：どんな訴え方があるか考えましょう。 S4：平均値を使えばよさそう。 T：班でよりよい方法を考えましょう。 S5：中央値3,000円より1,000円低い。 S6：下から40番目くらいだ。 S7：下から40番目くらいに入っている。 S8：下から30％に入っている。 S9：最頻値3,500円より1,500円も低い。	・プリントとホワイトボードを配付する。 ・S4は最初に取り上げ，「外れ値に影響されている」と親にあしらわれたことを伝え，他の方法を考えさせる。 ・S6とS7は累積度数に，S8は累積相対度数につながる。 ・最後にホワイトボードを黒板に貼らせる。

3. グループで考えを共有し，方法を序列，整理する T：どれが効果がありそうですか。 S11：S9のものです。S12：S8のものです。 T：良さそうな方法はありますか。 S12：度数や相対度数を順に加える方法が新しいです。	・最後はもとの文脈にいったん戻る。 ・機会があれば累積度数などを紹介する。 ・統計は目的に応じて既知の知識・技能を修正して使うことがあることを伝える。

□学習活動例

冒頭では，2人で寸劇（台本は図1）をしてもらい，問題場面の理解を促した。どんなデータが必要かと問いかけ，他の人のデータがあればよいことに気付かせ，図2のプリントを配付した。図2のプリントは，統計ソフトstathistにデータを

中3の大介くんはお小遣いの金額を増やしてもらおうと，お母さんを説得することにしました。以下，2人の会話です。

大介：「ねぇ，お母さん。買いたい物があるからお小遣いの 金額を増やしてよ。今の2000円じゃ何も買えないよ。」
母 ：「何を言ってるの。それで十分よ。」
大介：「だって，みんな5000円くらいもらってるよ。2000円は少なすぎる！」
母 ：「みんなって誰よ！ しかも何人よ？テキトーなこと言わないで！」
大介：「だってみんなもっと多いもん…」

図1　寸劇の台本

貼り付け，データ（の一部）と度数分布表，ヒストグラム，代表値を表示させた画面を印刷したものである。自分の金額が少なすぎることを訴える方法としては，生徒には，まず平均値を基にすることが考えられる。この方法に対し，生徒とのやりとりを通じて「平均値は外れ値に大きく影響を受けることを親から指摘されてしまったので，それ以外の新たな方法を考えよう」という旨を伝えた（図4の左下）。既習の方法を批判的に捉え，別の新たな方法を生み出す必要性を意図した。

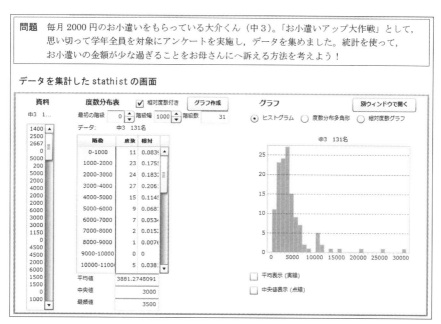

図2 「お小遣いアップ大作戦」の配付プリント

　必要であれば電卓を使うように伝え，まず個人で5分間考えさせた上で，4人程度のグループで10分間弱話し合って，ホワイトボードに記述するように伝えた。その際，既習である代表値などを用いた方法を記述するよりも，別の新しい方法が出された場合にはそちらを優先して記述するように伝え，新しい方法を生み出す方向へ生徒の活動をゆるやかに促すようにした。

　全体で考えを共有する場面では，ホワイトボードを黒板に貼るようにした。すると，対象生徒の9グループのうち，2グループが累積度数につながる考えを，また，7グループが累積相対度数につながる考えを基に訴える記述をした（例えば図3）。このことは，具体的な問題解決を通して，累積度数等につながる考えを生徒から引き出せることを示しているといえる。さらにいえば，割合や相対度数は既習であり，生徒が割合を求めた方がよいと判断すれば，累積度数に焦点を当てた授業で累積相対度数も同時に扱うことが十分に可能だともいえる。

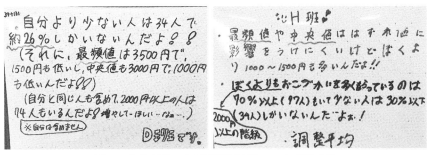

図3　生徒が書いた累積相対度数につながる方法

　黒板では，既習である中央値や最頻値を具体的に挙げて，それぞれの差を求めて訴える班の記述を探し，青のマーカーで印を付けて整理していった。次に，累積度数た累積相対度数につながる考えを基に訴える班の記述を探し，赤のマーカーで印を付けて強調した。その上で，累積度数と累積相対度数の用語とその意味を紹介して板書し，ノートに記入させた。

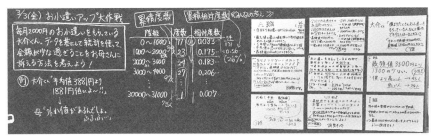

図4　本時の板書

■授業を振り返って

　統計的な知識・技能の習得においては，生きて働くものとして生徒に身に付けさせることが大切である。「なぜ学ぶのか」「どう活用するのか」を理解できないままに一方的に教授しても，生徒にとって生きて働くものにはなりにくい。

　その点，本時では主人公の小遣い月額が他よりもあまりに低いことを主張して親を説得するという問題解決を通して，累積度数や累積相対度数につながる考えを生徒から引き出すことができた。そして，その考えを基に教師か

ら専門用語とその意味を生徒に紹介し，累積度数等の必要性と意味を理解させることにつながった。

　指導においては，平均値などの代表値等を用いた方法を認めながらも，「その他にもよい方法はないか」と批判的に考えるように仕向け，生徒の活動をゆるやかに方向付けることが有効である。統計の学習は，問題解決に有用なツールを少しずつ増やしていくものである。どのツールが最もよいというようなものではない。批判的思考を働かせることで，既習の統計的知識を活用する授業のみならず，本時のように，新たな知識を獲得する授業においても大きな役割を果たすものといえる。

　なお，累積度数は，最小値の方から度数を累積するのが一般的であることや，大きい方から累積した度数は，総度数から累積度数を引けば得られることについても触れることで，生徒の理解を深めることができる。　(藤原大樹)

■異校種から見て

　小学校で学習する平均や割合の学習の内容だけでは解決できない場面が多々ある。本時もその1つだと言える。小学生の知識・技能での解法との差を比べてみたい。「説得しきれないな。」という解決できないことがあることを知ることも，発達段階において必要である。それを，中学校での新しい知識と技能を習得すると新たな結論を導き出すことができる。そのような学びが，異校種をつなげる1つの鍵になるのではないかと考える。

(附属小学校　冨田京子)

　集団を特性を表す代表値の学習後に累積度数の必要性を感じさせるのは難しいが，場面設定を工夫して自然に導入できている。外れ値などの話を出す手強い親を登場させ，新たな方法を考える必要性に迫っているのがユニークである。累積度数分布表や累積度数折れ線を使えば，視覚的効果も加わり説得力が増すだろう。また，親グループと子グループに分かれれて交渉合戦をさせたら，より明確な批判的思考力の鍛錬の場になったのではないかと思われる。読者による追試に期待したい。　　　　　(附属高校　三橋一行)

授業例11
中学校 第1学年

データの相対度数を確率とみなして意思決定する
相対度数と確率

■学習のねらい

　本時は，単元「データの散らばりと起こりやすさ」（全15時間）の第15時に当たる。生徒は，データの散らばりについて，これまでにデータの分布の傾向を度数分布表やヒストグラム，度数折れ線，代表値，範囲，相対度数，累積度数などを用いて読み取ることを学習している。また，不確定な事象の起こりやすさについて，多数の観察や多数回の試行によって得られる確率の必要性と意味を学習している。

　これらを踏まえ，本時では過去のデータを基に不確定な事象の起こりやすさの傾向を読み取り，未来を予測して意思決定する機会を設ける。

■教材について

　本時では，平成28年度全国学力・学習状況調査中学校数学B5「貸し出し用の靴」を教材として扱う。ボウリング場の靴の貸し出し足数のデータ（繁忙期1ヶ月）から借りられやすさの傾向を読み取り，どのサイズを何足ずつ買い換えるべきかを判断し表現する機会を設ける。

■育てたい主な資質・能力

● 相対度数を用いて不確定な事象の起こりやすさについての問題を解決する方法を理解すること（知識及び技能：D（1）ア（ア））
● 多数の観察や多数回の試行の結果を基にして，不確定な事象の起こりやすさの傾向を読み取り表現すること（思考力，判断力，表現力等：D（1）イ（ア））

■授業の展開

□学習指導案

学習活動	指導の手立てや留意点
1. 問題を理解する T：なり切って考えましょう。	・実際の場面を想起させる。
問題　あなたは，あるボウリング場で会計を担当しています。貸し出し用のシューズを全て新しいものに買い換えなくてはなりません。あなたはどのサイズを何足買いますか。	
2. 解決に必要な情報を考える T：何がわかればよいですか。 S：買う総足数が知りたいです。 T：他にはありますか。 S：過去に貸し出された靴のサイズと足数のデータが欲しいです。 S：世界最大の足のサイズを知りたいです。	・購入数は200足と答える。 ・過去のデータは，繁忙期1ヶ月間のデータとしてグラフ等を配付する。 ・本時では一旦，上記の条件だけで考えさせる。その後に，必要に応じて他の情報を考慮に入れて解決することとする。
3. 方法の見通しを立てた後，話し合って解決する T：まず個人で3分間考えた後，班で話し合って考えましょう。 S：グラフを見ると，多いサイズと少ないサイズがある。 S：23.0, 25.5 の割合が多いね。 S：きっと男女でふた山なんだね。 S：相対度数を求めて200をかければいいんじゃないかな。	・必要に応じて電卓を渡す。 ・相対度数の算出は分担を促す。 ・相対度数と200の積を基に，足数をどう自然数で表すか（視点1），及びその足数に現実的な状況をどう加味して修正しているか（視点2）に着目して巡視する。

4. 全体で多様な考えを共有する T：まず○班，発表してください。 S（生徒の発表） T：他の班の相対度数も同じですか。サイズと買う足数も同じですか。	・1つの班の発表後，他の班との結果の違いから足数の決定方法の違いに論点を移し，上記の視点1と視点2とで検討する。
5. さらに必要な情報を考える T：さらに欲しい情報はありますか。 S：データを増やしたいです。 S：予算と単価が知りたいです。	・批判的思考を促す。 ・身の回りの決定では，数学に現実的な状況を加味して進めることが多いことを伝える。

□学習活動例

　前時までに，ヒストグラム，相対度数，多数の観察や多数回試行を基にして得られる確率の必要性と意味について学習している。

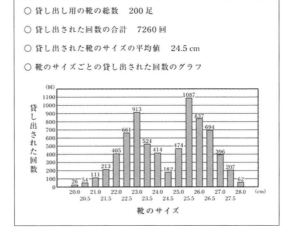

　本時で問題を提示し，購入足数を決めるためにはどんな情報が必要かと発問した。すると生徒は，同一店舗の過去の貸し出し足数のデータや，購入する総足数を知りたがったので，平成28年度全国学力・学習状況調査中学校数学B5「貸し出し用の靴」のグラフ等（右図）を「繁忙期である8月のデータ」として配付し，新しく200足を購入する設定とした。中には「1ヶ月だと足りない」という生徒もいたが，ここにはこれだけしかデータがないことと，繁忙期のデータということである程度は信頼性のあるデータに値することを合意して，進めた。さらに他に必要な

情報を挙げる意見もあったが，あまりに複雑になってしまうかもしれないため，まずは限定された条件で問題をひと通り解決してみて，さらに新たに必要な情報があればメモして残しておくように伝えた。

その後，生徒に各自で方法の見通しを立てさせた。

> ・各サイズの相対度数を求めて200をかける
>   そこから調節

> ヒストグラムから，サイズごとの度数が分かるので，その値を元にし，相対度数を求める。
> 各サイズの相対度数に貸し出し用の靴の足数200(足)をかけ
> それで出た値が買い換える靴の足数である。

この見通しをもとにグループ活動に取り組ませ，各自の見通しを話し合って，どのように購入足数を判断するかを検討していった。

多くのグループでは各サイズの相対度数を各自で分担して求め，200との積の概数を足数にしていった（右図）。例えば 26.0 cm が 837 回借りられたことから，その相対度数を $837 \div 7260 \fallingdotseq 0.1153$ と求める。これを基に，その後も同じ程度の割合で借り出されると仮定して 200 を乗じ，0.1153×200 の積 23.06 を四捨五入して「26.0 cm の靴を 23 足買う」と意思決定していくのである。この仮定は，

> 〈データを基に〉
> ・グラフの形が双峰型
>   → 2つの山を別々に見る
>
> 小数第1位四捨五入
>
> | 階級 | 度数 | 相対度数 | 相対度数 ×200 |
> |---|---|---|---|
> | 20.0 | 26 | 0.0036 | 0.72 ⇒ 1 |
> | 20.5 | 54 | 0.0074 | 1.48 ⇒ 1 |
> | 21.0 | 111 | 0.0153 | 3.06 ⇒ 3 |
> | 21.5 | 213 | 0.0293 | 5.86 ⇒ 6 |
> | 22.0 | 405 | 0.0558 | 11.16 ⇒ 11 |
> | 22.5 | 661 | 0.0910 | 18.2 ⇒ 18 |
> | 23.0 | 913 | 0.1258 | 25.16 ⇒ 25 |
> | 23.5 | 524 | 0.0722 | 14.44 ⇒ 14 |
> | 24.0 | 414 | 0.0570 | 11.4 ⇒ 11 |
> | 24.5 | 182 | 0.0251 | 5.02 ⇒ 5 |
> | 25.0 | 474 | 0.0653 | 13.06 ⇒ 13 |
> | 25.5 | 1087 | 0.1497 | 29.94 ⇒ 30 |
> | 26.0 | 837 | 0.1153 | 23.06 ⇒ 23 |
> | 26.5 | 694 | 0.0956 | 19.12 ⇒ 19 |
> | 27.0 | 396 | 0.0545 | 10.9 ⇒ 11 |
> | 27.5 | 207 | 0.0285 | 5.7 ⇒ 6 |
> | 28.0 | 62 | 0.0085 | 1.7 ⇒ 2 |
> | 総 | 7260 | 約1.00 | 199 |

相対度数 0.1153 を確率とみなしている行為である。実際にその後も同様の確率で借りられるとは限らないが，繁忙期の 8 月のデータを信頼できるものとして捉えた上で，未来に向けた意思決定している。

全体では，相対度数を四捨五入して意思決定した1グループが発表した。その後，批判的思考を意図して，「他の班も結果は同じですか」と問いかけ，他の班の活動について取り上げ，その方法の共通点・相違点に着目させた。概数の扱い方以外には，例えば「購入総足数が199足になったので多く購入するサイズに1足加えた」や「子供連れが大勢で来店したとき足りないといけないので，多いサイズからいくつか20.0や20.5に移した」のような調整についての意見もあった。これらを受けて，「私の場合は最頻値を多めにと思ったが，安直過ぎた」と感想を述べる生徒もいた。

　最後には，さらに批判的な考察を促すため，「よりよい解決に向けて必要なことはありますか？」と問いかけ，ノートへの記述と意見交換に取り組ませた。

```
・199足だと1足余っているので少ないところに増やす。
・さらに現実的に考えて調整!!
                              現実的に考えると
                              ただ相対度数をかけ
                              ただけだとダメかも…?
②もっとこんなことがわかればイイナ…(よりよい決定へ々)
・今まで貸し出された靴の中で一番大きいサイズと一番小さいサイズは？
 (またそのくらいの足のサイズのお客さんが来たら困るので、1・2足はあった方が…)
・去年などの8月のデータは！
 (なぜ買い替えることになったのか…！？東京オリンピックで外人がたくさん来るカモ！)
・今現在どのサイズが何足あるのか？
 (それで困ったことを調べる！)
・1年間のデータ(8月だけだと分からない…)
・予算，1足の値段
・曜日や時間帯ごとのデータ
・1日で貸し出された最大の数(のべだったら大丈夫かも…！？)
```

　実際の社会では，本時のように相対度数を確率とみなして予測・判断することが多い。この効果はとても大きい一方で，最終的には現実的な状況を加味して判断する必要があることを伝えた。

■授業を振り返って

　社会における職業で実際に起こりそうな漠たる問いから始まり，統計的に

解決するために必要なデータを考え，問題を焦点化していく「問題」から「計画」までのプロセスを経験させられた。授業のねらいに向けて，条件整理など教師が誘導せざるを得ない場面ができてしまい，実際に指導していて多少のジレンマを感じたが，社会での統計的問題解決への関心を高めた感想が多く，一連の活動及び指導について一定の成果があったと思われる。

> ・今までだと，現実のことは無視する，という条件がついている問題がほとんどだったから，こうやって，きちんと現実を考えるのがおもしろかた。

　問題解決のために「相対度数を確率とみなす」ことは，無意識に行う傾向が高い（藤原,2017）。生徒の自覚化を促す声掛けを忘れないようにしたい。

（藤原大樹）

■異校種から見て

　本実践では，相対度数を求めて一度結論を出した後に，現実的な状況や可能性を考慮しながら，結論を修正していく生徒の姿が確認される。現実場面で意思決定を行う際には，このように場面と照合し，確率的な解釈をおこなうことが必要である。小学校で割合を学習する際にも，割合を意思決定に用いる場面を扱い，現実的な状況を考慮しながら意思決定をおこなう経験を素地として大切にしたい。

（附属小学校　落合菜々子）

　問題解決に必要なデータを考え，これを処理して今後の指針とする一連の活動で，統計の学習で育成させるべき態度を体験できている。厳密には統計的確率（相対度数）と数学的確率（確率）は別物で，大数の法則によって始めて同一視できる。「相対度数と確率の混同」と見れば数学的観点から課題が残るが，「相対度数を確率とみなす」と見れば現実問題の解決の観点からは活用のよさがわかる。既習を踏まえ，自己に対して「同じものとしてよいのか？」批判的に考察する場面を授業に位置付けたい。

（附属高校　三橋一行）

授業例12 中学校第2学年　箱ひげ図

多くの集団を比較し，批判的，確率的に意思決定する

■学習のねらい

　本時は，単元「データの分布」（全5時間）の第5時に当たる。生徒はデータの散らばりについて，四分位範囲や四分位数，箱ひげ図の必要性と意味，及びフリーソフトのstatboxを用いるなどしてデータを箱ひげ図で整理することについて学習している。その際，全データの約半数が四分位範囲に入ることから，確率的な判断に生かせることを理解している。これらを踏まえ，本時では複数の集団の傾向を比較し，箱ひげ図を含めた多様な統計的な表現を必要に応じて活用しながら，意思決定を試みる。

■教材について

　本時では，プロ野球チームのコーチとして，選手たちが相手投手の投球に似た球で練習して慣れることができるように，過去のデータの傾向を分析し，打撃練習で取り上げる球速と球種などをデータから選ぶ機会を設ける。生徒は全投球の球速の代表値を求め，その速度で練習しようと考えることが予想される。これを批判的に捉え，分布の形を調べるためにヒストグラムで表したり，球種でデータを層別し，各球種で比較するために箱ひげ図をつくることが考えられる。どの球種をどの程度練習するかは，各球種やその球速の相対度数を確率とみなせば判断できる。

　なお，活動では実際のプロ野球選手1名の投球データ（松坂大輔投手，3321球　渡辺・神田（2008）から入手）を生徒に配付し，stathistやstatboxなどのフリーソフトを利用させる。また，各種変化球を時速5km単位で調整できるピッチングマシンが使える場面の設定とする。野球に詳しくない生徒も無理なく取り組めるよう，質問し合えるように配慮する。

■育てたい主な資質・能力
● 四分位数や箱ひげ図などを用いてデータの分布の傾向を読み取り，批判的に考察し判断すること（思考力・判断力・表現力：D（1）イ（ア））

■授業の展開
□学習指導案

学習活動	指導の手立てや留意点
1．問題を理解する。 問題　あなたはプロ野球チームの打撃コーチの1人です。次の試合に向けて，先発予定の相手投手の投球パターンはある程度分析が済んでいるので，後は，選手たちが相手投手の投球に似た球で慣れてくことが大切です。どのような投球に対して打つ練習をしておけばよいかをデータから考え，提案しましょう。	
2．解決の見通し，計画を立てる。 T：何か知りたいことはありますか。 S：よく投げる球が知りたいです。 T：球の何が知りたいですか？ S：球速を知りたいです。 S：球種を知りたいです。 T：過去のデータはここにあります。どう分析するか，その計画を書きましょう。 S：全投球の球速の平均値を求める。 S：全投球の球速のヒストグラムをつくり，最頻値を調べる。 S：球種ごとに球速のヒストグラムをつくって，最頻値を調べる。 S：球種ごとに球速の箱ひげ図をつくって，中央値あたりで投球の50％がどこに集まっているかを調べる。	・解決にデータが必要であることに気付かせ，必要なデータが何なのかを引き出す。 ・問題における「どのような球」について，球種と球速の観点から考察することに焦点化する。 ・データは実際のプロ野球選手の投球についてのものであることを伝え，生徒の関心を高める。 ・記述では，用語を正しく用いるように伝える。

3．解決の計画を実行する。 T：では，データを配付します。PCを開いて分析してみましょう。 S：全投球の球速のヒストグラムを表示し，平均値を求めて，球速の平均値は投球数が少ないことに気付く。 S：全投球の球速のヒストグラムを表示し，山がたくさんあることから，多様な球種に目を向ける必要があることに気付く。 S：各球種で層別し，各球速のヒストグラムを表示して，山の形や最頻値に着目して，どの球種でどの球速が多いかを調べる。 S：各球種で層別し，各球速の箱ひげ図を表示して，各球種で中央値付近に集まる50％が時速何km～何kmなのかを調べる。	・生徒のUSBメモリにstathist, statboxを入れておき，配付する。データをExcelファイルで配付する。 ・机を4人程度の班にして，対話を促す。 ・PCは一人一台使わせる。 ・必要に応じて計画を修正，更新してよいと伝える。 ・多様な球種の存在に気付かない場合には，教師から変化球の存在を伝え，生徒たちが自らデータを球種で層別したいと考える素地とする。 ・生徒が相対度数を確率とみなしている場面では，暗黙にならないように，確率とみなしていることを自覚化させる。
4．グループや全体で共有し，する。 T：では，お互いの活動の成果を発表し合いましょう。 T：どのように考えるのが有効であったか，整理しておきましょう。	・PCを持参して隣の班で発表する。質疑をとる。 ・解決過程を振り返り，有効な方法知を共有し記録させる。

□**学習活動例**

　本時は本書発刊時には未実施であるので，予想される活動と手立てを中心に述べる。

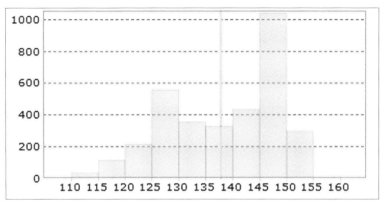

図1　全投球の球速のヒストグラム（平均値入り）を
表示させた stathist の画面の一部

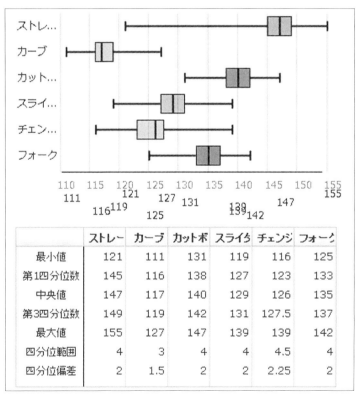

図2　球種で層別した球速の箱ひげ図等を表示させた statbox の画面の一部

第2章　学校種別「データの活用」の授業　　125

生徒の活動としては，例えばstathistに全球種のデータを入力（貼り付け）して代表値を求めたりヒストグラム（図1）をつくったりして，多く練習する球速を決めようとすることが考えられる。その際，平均値，中央値，最頻値のどれを基にしているか，またそれはなぜかについて把握し，問いかけや助言できるように机間指導していくようにする。

　ヒストグラムの最頻値を基に「時速147.5 kmを練習する」という結論を導く生徒が多いと予想される。そのような生徒に対しては，「練習する球種は何にするの？」，「ストレート（直球）以外の球は投げないのかな？」などと問いかけ，「ストレートだけ投げるわけではないので，他の球種の球速や相対度数についても調べてみよう」などといった批判的思考を生徒自身が働かせるように促したい。

　球種で層別した球速の箱ひげ図はstatboxで図2のようにつくることができる。その箱を見れば，どの球種で時速何kmくらいの球が約半数投げられたかがわかり，その「約半数」を確率とみなすことで球種ごとでどの球速に半数が集まるかが予想できる。

　なお，生徒がすぐに層別してより深く分析できるように，例えば，配布するExcelファイルのSheet1に全投球，Sheet2に球種ごとに層別した投球の球速のデータを事前に貼り付けておくとよい（図3）。

　さらには，Sheet2に貼り付けたデータから球種の相対度数を求め（図4），確率とみなすことにより，どの球種がどの程度の

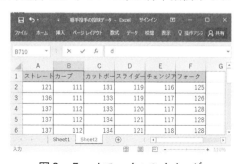

図3　Excelファイルのイメージ

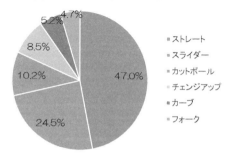

図4　球種の相対度数の円グラフ

割合で投げられるかが予想でき，練習する球種をいくつかに絞ることができる。

■授業を振り返って

　生徒が批判的思考を働かせ，箱ひげ図などを問題解決に活かす事例について述べた。箱ひげ図は，多くの集団を概括的に比較したり，中央値付近に集まる約半数のデータの散らばり具合を読み取ったりする場面で有効である。

　社会では，統計的な分析と確率的な判断を一体的に行うことが極めて多い。第2学年の学習では，第1学年で統計的確率を学ぶメリットを生かし，箱ひげ図の箱に約半数のデータが集まっているとわかるよさを，確率的な観点からも実感できるようにしたい。批判的思考により多様な統計的な表現を選択したり組み合わせたりして分析し，未来を予測して意思決定に生かす経験を生徒一人一人にさせたい。

（藤原大樹）

■異校種から見て

　本事例は，全投球の球速の代表値では意味をなさないところがおもしろい。

　どんな問題を解決したいのか，目的を再度考える必要がある課題である。小学校でも，目的をよく考えずに平均を代表値として出して比べる子どもが多い。「本当にこれで良いのか？」と立ち止まり，批判的に考える力を小学校から育んでいきたい。そして，今回の「箱ひげ図」のように，目的に合った表現方法を選択し，活用していく場面を作っていくことが大切であると考える。

（附属小学校　岡田紘子）

　箱ひげ図は中央値を中心としたデータの散らばりを視覚的に把握する上で有効であり，そこを主眼に扱われることが多い。この授業のように四分位範囲に注目し，それを確率的な視点で捉えて利用するという分析方法は新鮮である。このように，図や数値が何を表すのかを正確に理解することで，様々なことに応用できるという体験は，高校での学習においても重要である。

（附属高校　十九浦美里）

授業例13 中学校 第3学年

実際のデータを利用して簡易な標本調査を行い分析する

標本調査

■学習のねらい

本時は，単元「標本調査」（全8時間）の第5時から第8時に当たる。生徒は，1年生の学習で，データの分布の傾向を度数分布表やヒストグラム，度数折れ線，代表値，範囲，相対度数などを用いて読み取ることを学習している。また，単元の前半では，全数調査と標本調査，標本の抽出方法，標本比率，母集団の傾向の推測などについての学習を行っている。

これらを踏まえ，本時では，実際に簡易な標本調査を行い，母集団の傾向を推測したり標本と母集団の分布を比較したりする活動を設定した。

■教材について

本時では，ルーラーキャッチを実施して学年全員のデータを収集し，そのデータを分析する過程で標本調査を取り扱う。ルーラーキャッチとは，2人1組になり，片方が50 cm定規を決められた位置から落とし，もう片方が落下している定規を片手でつかみ，その位置を記録とするというものである。

学年全員のデータに通し番号をつけて，iPadのアプリで疑似乱数を発生させることにより，標本の抽出を行うこととする。データの整理については，今までの学習のふり返り場面として，平均値や中央値だけでなく，相対度数分布表や相対度数折れ線を用いて表したり，分布の傾向を読み取ったりする機会を設定する。

図1　ルーラーキャッチ

■育てたい主な資質・能力

- データから無作為に標本を取り出し，整理すること（知識及び技能　D（1）ア（イ））
- 自ら収集したデータについて標本調査を行い，母集団の傾向を推定し判断すること（思考力，判断力，表現力等　D（2）イ（イ））

■授業の展開（全4時間）

□学習指導案

生徒の学習活動	指導の手立てや留意点
[第1時] 1. ルーラーキャッチを行い，データを収集する。 2. クラスのデータの簡単な分析を行う。（平均値・中央値）	・1人5回ルーラーキャッチを行い，そのうち1番よい記録と1番悪い記録を除いた3回分の記録の平均値を各個人の記録とする。 ・今までどのようなデータの分析方法を学習してきたかふり返り，「平均値」「中央値」「ヒストグラム」などをあげさせる。 ・生徒の必要に応じて電卓等の使用を認める。（この後の授業展開も同様。）
[第2時] 3. 標本を抽出する。 4. 標本から母集団の傾向の推測を行う。	・学年全体のデータに通し番号がついた一覧表を配付する。これを母集団とする。 ・クラスの平均値や中央値と比較して，母集団がどういう傾向になっているか予想する。 ・iPadのアプリ等で疑似乱数を発生させ，標本を抽出する。（乱数表などを用いるのも良い。） ・抽出した標本の平均値や中央値を求め，母集団がどのような傾向になっているか推測する。その際，クラスの平均値や中央値と比較も行う。

[第3時]	
5. クラスの標本と母集団の相対度数分布表を作成する。	・分布の比較を行うにあたって、総度数が違うためにそのままでは比べられないことを確認する。また、総度数が違う場合は相対度数を用いて比較することを確認し、相対度数を計算させ、表にまとめる。 ・表をもとに、平均値や中央値の含まれる階級や、最頻値の比較を行う。
6. 相対度数折れ線を作成する。	・標本の相対度数折れ線と母集団の相対度数折れ線を作成することで、折れ線の形から分布の様子を視覚的に比較させる。
[第4時]	
7. いくつかの標本と母集団の相対度数折れ線を作成する。	・自分のクラスの標本の他に、他のクラスの標本の相対度数分布表も示し、相対度数折れ線を作成させる。（1クラスで複数の標本を抽出して比較してもよい。）
8. いくつかの標本と母集団の分布を比較する。	・いくつかの標本と母集団の分布を比較して、どのような特徴があるかをまとめる。 ・標本と母集団のずれがある場合には、なぜそのようなずれが起こるのかも問いかける。

□学習活動例

　標本調査については、前述のとおり、前時までにほとんどの内容学習を終えている。また、1年生の学習で、データの分布の傾向を度数分布表やヒストグラム、度数折れ線、代表値、範囲、相対度数などを用いて読み取ることを学習しているため、この学習をもとにデータの整理を行うことで、自ら収集したデータにおいて標本を抽出し、標本と母集団の傾向を推定し判断することを行った。

(1) 第1時

　まずは、ルーラーキャッチを行って、データを収集した。クラス全員のデータが集まったところで、「自分のデータはクラスの中でどのくらいの位

置か」「クラスのデータにはどのような傾向があるか」を問いかけ，その中で，今までどのようなデータの分析方法を学習してきたかをふり返った。生徒からはデータの傾向をつかむ方法として「平均値」「中央値」「ヒストグラム」などが挙がった。また今回の場合，最頻値は代表値として適当でないことも確認した。そして，まずはクラスのデータの平均値と中央値を求めた。

(2) 第2時

2時間目には通し番号のついた学年全体のデータを全員に配布した。このデータの傾向をつかむ方法を考える中で，学習した標本調査の方法が使えないかということになり，学年全体のデータをもとに標本の抽出を行った。標本の大きさについては，生徒とのやり取りの中で「1クラスの人数と同じくらいの大きさにしたらどうか」という意見から，標本の大きさを30にすることとした。また，iPadのアプリ等で疑似乱数を発生させ，疑似乱数に対応する通し番号をチェックしていきながら，標本の抽出を行った。「疑似乱数」については，厳密な乱数ではないが，今回は同様に扱えるものと説明した。

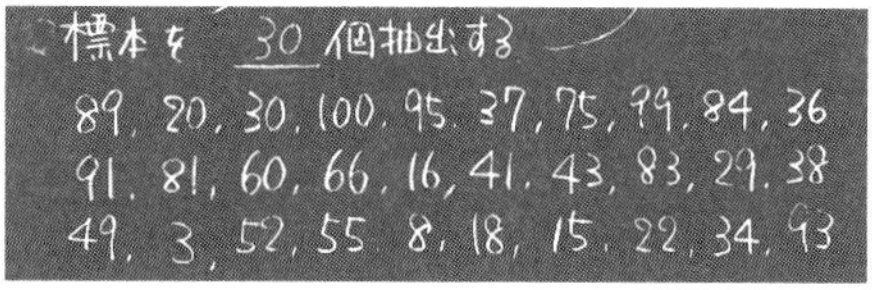

図2 標本調査で得られたデータ

抽出した標本の平均値や中央値については，生徒自身が積極的に調べる様子が見られた。クラスの平均値や中央値と比較しながら，母集団の傾向を推測した。生徒からは「この標本から本当に母集団の推測ができるのだろうか？」という声も聞かれた。

(3) 第3時

3時間目には前時の疑問も活かしつつ，クラスの標本と母集団の度数分布表を作成するよう促した。階級数や整理のしやすさから，階級幅は5 cmとすることとした。度数分布表作成の中で，総度数が違う場合は相対度数を用いた方がよいということも発言としてできたため，相対度数も計算し，表にまとめるように指示をした。そして，平均値，中央値が含まれる階級と最頻値の確認をし，表の中に書き込んだ。平均値や中央値が同じ階級になると

「おぉ！」と声が上がり，理論としてわかっていた標本調査の有効性をあらためて確認できたようであった。その後，相対度数折れ線を作成してみると，今度は逆に標本と母集団の折れ線の形が明確になるクラスもあり，標本がどこまで母集団を推測するものになりうるかということが問題となった。

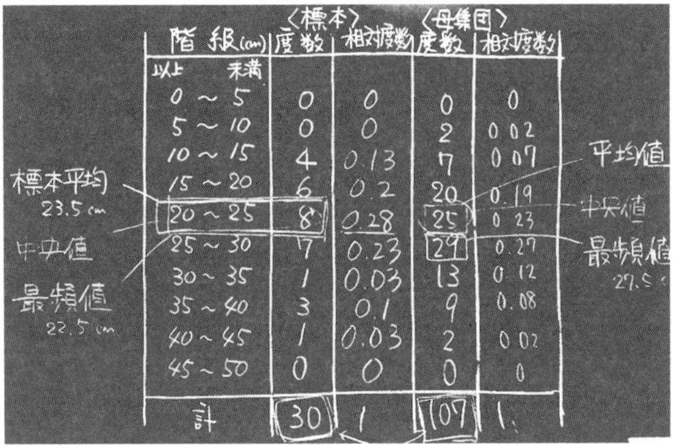

図3 標本と母集団の相対度数分布表

(4) 第4時

4時間目には，自分のクラス以外の相対度数分布表も示し，4クラスの標本と母集団の相対度数折れ線を重ねたもので標本と母集団との比較を行った。生徒からは，折れ線の形は標本によって違うように見えるが，平均値や中央値が含まれる階級はほとんど同じであるということがあげられた。

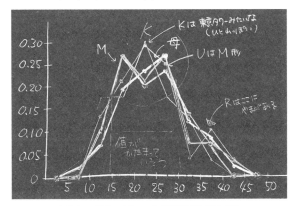

図4 重ねてかいた相対度数折れ線

■授業を振り返って

標本平均と母集団平均が近くなることを確認することで，生徒は無作為抽出によって母集団を推測する有効性を見出すことができたようであった。一

方で，相対度数折れ線にしたときの分布の形については，標本と母集団とでずれが見られた。このような標本と母集団とのずれは，母集団を推測するうえでは好ましくないが，標本調査では予測や判断に誤りが生じる可能性（標本調査の限界）もあることに気づくきっかけにもつながった。

今後の授業展開として大切なのは，「なぜ標本と母集団の分布がずれたのか」を考察していくことである。データ収集や分析の方法そのものをふり返り，母集団の大きさや標本の大きさについて，もう一度検討し直す活動にもつながる。標本の大きさを変えて標本調査を何度か行い，それらの結果を箱ひげ図で比較する学習も考えられよう。また，高等学校で学習する，標準偏差や χ^2 検定 など，定量的評価の考え方にもつながると考えられる。

（大塚みずほ）

■異校種から見て

小学校から代表値を扱う。本実践では，集団と標本との特徴を比較する際の値として扱われているが，小学校でも，複数のデータを比較する際の値として用い，そのよさを実感できる題材や展開を考える必要がある。標本調査の結果を表やグラフに表すよさ（有効性）とともに，生じ得る負の面（限界）にも目を向けることが大切であろう。　　　　（附属小学校　久下谷明）

この授業では，標本調査の妥当性と危うさを同時に体験でき，標本調査が備えるべき要件が生徒にわかりやすい。標本平均と母平均の比較，標本の最頻値・中央値と母集団の最頻値・中央値の比較なども行っており，高大ならば標本分散が n ではなく（n－1）で割るべきであることを体験的に学べる。発展として，標本平均の標本を各グループで取り，度数折れ線を作成すれば，各グループの標本平均がかなり母平均近くに分布することがわかり，外れ値に弱い算術平均の真の力を見ることができる。　（附属高校　三橋一行）

コラム 総合的な学習と統計（中学校）

■探究のための統計

　中学校学習指導要領では，総合的な学習の時間において，探究的な見方・考え方を働かせ，横断的・総合的な学習を行うことを通して，よりよく課題を解決し，自己の生き方を考えていくための資質・能力を育成することを目指している（文部科学省，2017）。附属中学校では，約40年前から探究活動「自主研究」を設け，生徒が自ら課題を設定し，約2年間の中で文献調査やアンケート調査，実験，調理，製作など実践的な活動を通して，仮説検証や創作をしている。半期ごとに経過を発表し，助言を基に洗練させ，第3学年前期末には，成果を集録にまとめ，大学教員等を招いて発表会を実施している。研究を進める中で，仮説や創作に対して他者に意見や評価を求めたり，仮説を検証するために実験したりすること必要であり，統計が活躍する。

　上記の活動に生かす目的で，第1学年ではアンケート調査を実施，集計，処理する練習を「自主研ゼミ」として実施している。この授業では，具体的な問いを基に，昼食時のパン注文に関するアンケートを実施して得たデータを，算数・数学科で学習したように分析したり，2個以上のパンを注文した人はどのパンを組み合わせしているかや，調理パンと菓子パンに層別して集計するとどのようなことがわかるかなどについて探究的に分析したりして多様な分析の視点を学ぶ。また，アンケート用紙の作成も体験し，意見交換する。これらの経験から，各自の研究の目的に沿って「統計的な分析」

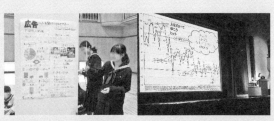

図1　自ら収集したデータを基に発表する生徒

をいかに生かしていけばよいかを，実感を伴って習得している。

　算数・数学科を核とし，総合や特活，他教科での学習で統計を活用し，必要に応じて探究のツールとして統計を生徒が使いこなせるようにしたい。

■他者や社会とつながるための統計

　統計は，自立的な探究のツールであるだけではなく，協働的な課題解決におけるコミュニケーションのツールとしての役割をもっている。

　中学校の総合的な学習の時間で取り扱うテーマは，自分たちの地元地域から日本や世界の社会問題へと広がっていく。問題の難しさも複雑さも増していく。複雑な問題を取り扱う際は，その分取り扱う情報量も多くなる。複数の統計データを組み合わせて考察したり，統計以外の様々な情報も加味して偏りが極力ないように全体を見渡したりしようとすることが大切である。個々で集めたデータをグループで持ち寄って，他の情報とあわせて整理していく中で，新たな課題を見出していく。データから読み取ったことが他の情報と矛盾している場合もあるかもしれない。そこで立ち止まるのではなく，よりよい解決に向けて一歩進められるように，仲間と多面的に分析し直してみたり，新たな別のデータを探してみたりするように促していきたい。

　また，成果を他者に発信する場面では，他者を説得，納得させるための見せ方が重要である。誰に何の目的でどんな媒体で発信するのかなどをよく検討し，引き付けるための工夫が肝である。例えば，地図の上にグラフや値を並べたり，何かをモチーフにしてグラフを加工したり，他教科で学んだ表現様式と統計グラフを組み合わせることも有効である。伝えたい部分を誇張して見せている広告なども見られる。その背景や目的を含め，理解させたい。

　附属中学校では，上記のような協働的な課題解決に向け，統計グラフを含めた統合メディア表現を活用して新たなコミュニケーションを創出する力を育てる学習に教科横断的に取り組んでいる。複雑で解決困難な問題に対しても，様々な立場の人と協働して果敢に挑もうとする生徒を育てていきたい。

（附属中学校　松本純一，大塚みずほ）

中学校から高等学校へ

■中学校での学び

　中教審算数・数学 WG による「審議の取りまとめ」には，「小中高等学校を通じた統計教育のイメージ」として以下の記載がある（下線は筆者）。

> 【中学校】
> ・統計的に分析するための知識・技能を理解し，日常生活や社会生活の場面において問題を発見し，調査を行いデータを集めて表やグラフに表し，統計量を求めることで，分布の傾向を把握したり，二つ以上の集団を比較したりして，問題解決や意思決定につなげる。
> ・データの収集方法や統計的な分析結果などを多面的に吟味する。

　このような活動を通して，中学校では次の内容を学ぶ。

> 〈データの分布〉
> ・統計的な知識・技能の必要性と意味を理解すること。
> ・コンピュータなどの情報手段を用いるなどして，無作為に標本を取り出したりデータを表やグラフ，図に整理したりすること。
> ・目的に応じてデータを収集して分析し，データの分布や母集団の傾向を読み取り，批判的に考察し判断すること。

　統計的な知識・技能とは，中学校の第1・2学年ではヒストグラム，相対度数，累積度数，四分位範囲，箱ひげ図などといった記述統計の基礎である。第1学年から統計的確率を学習するため，相対度数を確率とみなして未来の意思決定を行うなど，記述統計と確率と関連付けて学ぶことができる。そして，第3学年では，推測統計への入口として標本調査，無作為抽出を学ぶ。

■高等学校での学び

　前掲の「イメージ」に，以下の記載がある（下線は筆者）。

【高等学校（必履修）】
・統計的に分析するための知識・技能を理解し，日常生活や社会生活，学習の場面等において問題を発見し，必要なデータを集め適切な統計的手法を用いて分析し，その結果に基づいて問題解決や意思決定につなげる。
・データの収集方法や統計的な分析結果などを批判的に考察する。

平成21年改訂の学習指導要領では，統計学分野は数学Ⅰと数学Bで扱われており，その内容は次のとおりである。

数学Ⅰ　〈データの分析〉
・データの散らばり……四分位偏差，分散，標準偏差
・データの相関…………散布図，相関係数
数学B　〈確率分布と統計的な推測〉
・確率分布……………確率変数と確率分布，二項分布
・正規分布……………正規分布，二項分布の正規分布近似
・統計的な推測の考え……母集団と標本，統計的な推測の考え
（母平均の統計的推測）

数学Bからは統計学における高度化，専門化の度合いが一層強くなる。

■接続にあたって

　高等学校の数学Ⅰでは，中学校での複数の集団の比較を基に，散らばり具合を表す分散，標準偏差を導入する。四分位数や四分位範囲は中学校で既習なので，四分位偏差は復習程度の扱いとなる見込みである。また，相関係数を唐突に教えることは避け，必要性を感じさせながら学ぶことを目指したい。例えば2つの集団を比較する問題解決の中で，2つのヒストグラムの関連性に注目させてから散布図の導入をおこない，その傾向をつかむ指標として相関係数を導入することが考えられる。数学Bでも，中学校で経験した活動や学習も重ねて指導することが，統計学と数学の力を相乗効果的に高めていく上で重要である。そのために，小中学校での問題解決サイクルの上に立ち，目的的，実践的に学ぶことが不可欠である。　　　　（三橋一行，藤原大樹）

授業例 14
高等学校 数学Ⅰ

相関係数や散布図を用いて要因分析にチャレンジする
データの相関

■学習のねらい

　本時は，単元「データの分析」（全8時間）の第6～8時（計約3時間）に当たる。生徒は，中学校までに学習した統計の基本的な用語や考え方に加えて，高等学校で初めて扱う，分散，標準偏差，相関係数などの値を求めることを学習している。さらに，散布図をかくこと，与えられたデータから適当な値や図を求め，散らばりや相関の有無を読み取ることを学習してきている。

　これらを踏まえ，本時では，ある結果に対してその要因をデータを用いて分析することにより，客観的な根拠をもって仮説を検証し説得力のある結論を導くという活動を行う。小中高においてスパイラルに取組んできた統計学習のまとめとして，課題解決のためのフレームワークのひとつである「PPDACサイクル」を体験することで，他教科や総合的な学習の時間等におけるレポートや課題研究に応用できるようにする。

■教材について

　本時では，総務省統計局ホームページ「世界の統計2016　2-16男女別平均寿命」に掲載されている「男女別平均寿命（データは2013年のもの）」のExcelデータを教材として用いる。授業者が問題提起として世界各国の平均寿命のデータ（p.142の表）を提示し，各国の平均寿命にはかなり大きなばらつきがあることを生徒に確認させる。その後，そのばらつきは何が影響しているのか（要因）について，生徒にPPDACサイクルに沿って分析・検証させ，発表や意見交換を行うという機会を設ける。

　なお，本授業は，グループでの活動とし，インターネットにつながったパ

ソコン等を使用できる環境で行う。

■育てたい主な資質・能力

- 仮説検証のひとつの手段として，2つのデータの相関の有無を調べることの有用性を理解すること。(知識及び技能：(4) イ)
- ひとつの課題に対して多角的にとらえ，複数のデータを比較・分析することによって，説得力のある結論を導くこと。また，それらを分かりやすく伝えること。(思考力，判断力，表現力：(4) イ，課題学習)

■授業の展開

□学習指導案

生徒の学習活動	指導の手立てや留意点
[第1時] 1. 課題を理解する。	・これまでに統計分野で学習した内容を最大限活用して，PPDACサイクルに沿ってグループで課題解決に取組んでいくことを伝える。

> 問題提起　次の表は，2013年の世界のいくつかの国の平均寿命についてのデータ（抜粋）です。各国の平均寿命については，かなりばらつきがあることが見て取れます。このばらつきは，何が影響しているのでしょうか。
>
> 課題　平均寿命に影響を与える要因について，仮説を立て，その仮説を立証するデータを収集し，検証してみましょう。

※グループ（4名程度）に分かれて活動する 2. 平均寿命に影響を与えている要因について仮説を立てる。	・本課題におけるPPDACサイクルについて，手順を確認する。 ・他教科の授業（政治・経済，地理，保健など）で学習した内容を手がかりにして，いくつかの要因を挙げていくことを伝える。 ・「問題提起」の際に使用したExcelの表は，電子データとして配布し，加工して使ってよいことを伝える。

3. 仮説を裏付けるようなデータを収集しデータ表を作成する。	・地図帳，データブック，インターネット上等から，適切なデータを探す。（引用元を忘れずにメモしておく） ・世界196カ国すべてを扱うのは難しいので，地域に偏りがないように抽出してよい。最低20カ国以上のデータは集めるよう指示。
[第2時] 4. 散布図や相関係数などを用いてデータを分析する。 5. 分析結果をもとにグループの意見をまとめる。 6. Wordファイルにまとめさせる。	・散布図をかく際は，y軸に平均寿命を，x軸に要因と考えられるデータを対応させることを伝える。 ・散布図のx, y軸，データにラベルをつけると見やすくなることを伝える。 ・分析する中で見えてきた新たな課題などもあればまとめの中に入れる。 ・Word文書作成の際には，発表することを念頭に置き，PPDACの流れが分かるようにまとめ，表や図なども載せることを伝える。 ・グループごとにWordファイルを提出させる。
[第3時] 7. グループごとに発表の準備をする。 8. 各グループの代表の発表を，他のグループの生徒が評価する。発表者も自己評価を行う。	・グループごとに仮説から結論までの流れを整理し，グループ内での発表内容の共有を行う。 ・代表者が5分ごとに3つのグループを回り発表を行う。 ・発表を聴く側には，自分たちのグループでの分析結果等もふまえ，質疑を行うよう促す。 ・発表する側，聴く側ともに，評価シート記入。

| 9. 代表者は自分のグループに戻り，共有する。 | ・発表の際に指摘されたこと，あるいは指摘したことを伝え，改善策等を考える。 |
| 10. 最後に，クラス全体で共有する。 | ・PPDACサイクルの各段階に取組む際，大切にすべきことを振り返らせる。 |

□学習活動例

　前時までに，相関係数を求めることや散布図をかくこと，またそれらを用いてデータの傾向を読み取ることなどは学習している。この際，はずれ値が分散や相関係数の値に大きく影響することから，数値だけで傾向を見るのではなく散布図と組み合わせることの重要性についても学んでいる。

　さらに，相関分析をする際の落とし穴として，データを絞りすぎてしまうと相関が弱くなってしまうことや，2つの要素に相関関係があったとしても因果関係があるとは限らないことなどを，具体例を示して紹介した。

　そのうえで，本時で問題を提起し，まずは配布した24カ国のデータを見てどのような傾向があるかを自分なりに考えた上で，グループごとに平均寿命に何が影響を及ぼしているのか仮説をたてさせた。

　生徒は，経済力，教育，平和，医療・衛生，貧困，食糧自給率など様々な視点から仮説をたて，GDPや識字率，医師数など，仮説の検証にふさわしいと思われるデータを主にインターネット上で探し，分析を行っていった。

　結論をグループごとにまとめた後，各グループの発表をお互いに聞き合う中で，生徒たちは次のようなことを指摘しあっていた。

① 「平均寿命に影響を与える要因」につながるデータの選び方として，要素が単一であるものは適当であるが，人間開発指数（余命や識字率，GDPなどが含まれる），世界平和度指数（戦闘による死者数や軍事費の比率，難民等の割合などが含まれる）などの「○○指数」の数値は，様々な指標を組み合わせて求めた値であるため，適さないのではないか。とくに「余命」はデータが重複してしまう。

②散布図や相関係数を求める際，信頼性を高めるため，データの数をある程度多く集めるべき。また，データの選び方で，相関係数の数値はかなり変わってしまうので，バランスよくデータを選ぶことと，散布図と組み合わせて分析する必要がある。散布図には各国のラベルが表示されていると分かりやすい。

①は調査の計画，②はデータの収集と分析に関する指摘であるが，どちらも本質を突いた意見であり，これらが生徒間で共有できたことはよかった。

生徒に提示した表データ

平均寿命（2013年）

国（地域）	男女平均
日本	84
オーストラリア	83
韓国	82
スウェーデン	82
フランス	82
ニュージーランド	82
イギリス	81
アメリカ合衆国	79
ベトナム	76
中国	75
ウクライナ	71
モロッコ	71
イラク	70
北朝鮮	70
フィリピン	69
ロシア	69
インド	66
エチオピア	65
アフガニスタン	61
ナイジェリア	55
ソマリア	54
アンゴラ	52
中央アフリカ	51
シエラレオネ	46

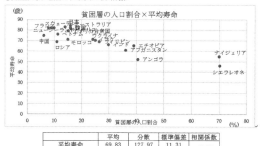

②貧困層の人口割合と平均寿命の相関係数

	平均	分散	標準偏差	相関係数
平均寿命	69.83	127.97	11.31	-0.88
貧困層の人口割合	24.21	320.02	17.89	

（ワールドファクトブック[CIA]）

生徒が作成した散布図

■授業を振り返って

課題を「平均寿命」と絞ったこと，グループ活動という手段をとったことにより，生徒全員に PPDAC の流れを経験させることができた。仮説をたて，必要なデータを集め分析すること，検証の結果をアウトプットすることにより，統計を学習する意味や活用方法についてさらに理解が深まったことが次の感想からも見て取れる。一方で，これらの活動をする際に必要となるのが Excel や Word を扱うスキルであり，これについては生徒によってばら

つきが大きく均一でない。こういったスキルは，数学科だけでなく他教科とも連携して高めていく必要がある。

> 【生徒の感想（抜粋）】
> 数学が社会に役に立つことを実感できた。/ 割と理論的に仮説を立てたつもりだったがそこまで相関がなかったので適切なデータを選ぶのは難しいと思った。あらかじめテーマに関する要因などを念入りに調べる必要がある。/ データを取った後に部分に注目したり全体を見たり柔軟な考え方をしたい。/ 実際に相関係数を求めてみると自分が想像していたものと全く違う結果になることも多くて面白かった。/ データをグラフや今回のように散布図にして可視化することは考察や課題追究に効果的だと思った。/ これを使えば相手を納得させられる材料のひとつになると思うので積極的に活用します。

（阿部真由美）

（生徒が閲覧した Web サイトの主なもの）
　グローバルノート－国際統計・国別統計専門サイト / 総務省統計局 / ユニセフ世界子供白書

■異校種から見て

　相関を見るためには，まず，影響を与えるであろうと思われる要因を見つけなければならないが，そこには算数・数学の枠を超えた社会に対する見方が要求される。小学校においても，算数を社会との関係で捉える素地を作ること，算数的な処理をした結果を現実社会に引きつけて判断することを経験していく大切さが感じられる　　　　　　（附属小学校　神戸佳子）

　問題解決のために，多くの変数の中から重要なものを選択する活動が本時の肝である。中学校ではその基になる活動を位置付けたい。なお，相関関係から「影響を与える要因（因果関係がある）」と結論付けてよいかどうか，生徒に議論させる場面を設けたいものである。　　（附属中学校　藤原大樹）

授業例15
**高等学校
課題学習**

コンピュータと統計学を使って現象を分析する
統計的推測

■学習のねらい

　第3学年を対象に統計分野の課題学習（全8時間）として行われた実践事例である。生徒は，選択教科として統計分野の数学（本校では，教養基礎数学Ⅲと呼んでいる）を選択した生徒対象に行われたものである。学習のねらいは，以下の①～⑤である。

① 高等学校までに学習した統計分野に関する総合力を応用する機会を与え，実践力を高める。
② ICT機器の活用により，データの処理を迅速化し，様々な統計手法で多角的に分析する経験を持たせる。
③ 入手したデータから仮説を立て，問題解決の流れを自発的に経験し，「PPDACサイクル」の流れを再確認する。
④ レポートにまとめ，発表することを踏まえ，根拠ある統計処理を重要視させる。
⑤ 準備された課題ではなく，自ら手に入れたデータを用い試行錯誤を繰り返して，現実的問題の解決に取り組む経験を持たせる。

　以上の①～⑤のねらいを持ち，他教科の課題や実社会での活用も可能となるような，総合的かつ実践的な統計力の育成を目指している。

■教材について

　データは，各自がインターネットで調べて，それを使ってコンピュータで分析する。実際に入手できるデータは，よい事象よりは悪い事象のものが多い。それは，喜ばしいことは問題視されず，データを集めて分析しようとは思わないからだろう。その点は留意しつつ指導する。また，情報の授業など

でパソコンの操作にも慣れているが，適宜補助が必要である。相関係数が高くなくとも，次々と予想を立てていき，分析することで，問題点を見つけ社会事象に興味を持たせる機会とする。

　また，本校は研究開発校であることと，日本学術会議の新学習指導要領に関しての「初等・中等教育の改善についての提言」によれば「統計的仮説検定」や「回帰分析」が高等学校の学習課程に入ってくるのではないかという情報を踏まえて，数学Bで学習する「統計的推定」の先の手法である「統計的仮説検定」（母平均の差の検定，等分散性や独立性の検定，相関係数の検定など）に関しても学習した。理論面は非常に簡単に解説し，分布などの仮定と統計量を天下り的に導入して，とにかく使えるように手法に重点を置いて指導した。「回帰分析」についても「単回帰分析」だけではなく，「重回帰分析」，「分散分析」も理論は置いておいて，手法と主要な結果の意味が分かるように指導した。コンピュータの利用ができることの大きな利点である。前頁の相関係数によって，平均寿命の要因を探すという方法は，本来，重回帰分析をおこない，回帰係数を仮説検定にかける方法が実際に使われている分析法であり，この分析は，コンピュータ上でExcelを使用すれば，散布図を描かせるついでにほぼボタン一つで分析してくれるのである。コンピュータを使用できるのであれば，コンピュータを利用して，本格的な手法も使えるよう指導しておくと，多角的分析が可能となり統計学に対する興味や関心が高まるのである。

■育てたい主な資質・能力

- 統計の基本的な考えを理解するとともに，それを用いて現実的なデータを整理・分析し傾向を把握して，仮説の検証を行い問題解決に取り組むことができるようにする。（数学Ⅰ（4）データの分析（5）課題学習）
- 確率変数とその分布，統計的な推測，各種の統計的手法について理解し，それらを不確定な事象の考察に活用できるようにする。（数学B（1））
- コンピュータを統計分析に活用し，既習の処理方法をいくつか試して多角

的な見方ができるようにする。(数学Ⅰ (4データの分析))

■授業の展開(全8時間)
□学習指導案

学習活動	指導の手立てや留意点
[第1時] 1. 統計的仮説検定①	・仮説検定のしくみを理解する。 「バターをぬった面を下にして食パンは落ちるか」[教科書【高等学校　確率・統計】(三省堂, 1983)]を利用。 ・検定の手順を学ぶ。帰無仮説, 対立仮説, 第1種の過誤, 第2種の過誤, 有意水準などを学ぶ。
[第2時] 2. 統計的仮説検定②	・確率変数が満たすべき条件と従う確率分布の仮定に注意して, 統計量を与え, 各種仮説検定ができるようにする。コンピュータの利用方法の指導をして, コンピュータを用いて具体的な問題演習を行う。
[第3時] 3. 回帰分析①	・散布図, 相関係数を復習しつつ, 線形回帰モデルの導入をし, 最小二乗推定の説明をする。ここは深入りせず, 数量間の構造を図形的, 感覚的に学習させる。重回帰分析は次元が高いので, 3次元の説明から類推するにとどめる。
[第4時] 4. 回帰分析②	・理論面は難しいので, 理解しきらなくても良いこと告げ, 具体例と問題演習で手法に慣れる。また, 回帰分析と非常に近い分散分析についても, 軽く触れる。

[第5時] 5. データを集める	・インターネットを利用して，総務省などのデータを閲覧しながら仮説を立てる。さらに，必要なデータを調べてデータを入手する。生徒自身がクラスなどでデータを集めるのもよしとする，その際は，個人情報の観点から慎重に行うよう指導する（この授業では，申し出た生徒もいたが，サンプルサイズが小さくなってしまうことを恐れ，自ら取りやめた）。
[第6時] 6. 分析① [第7時] 7. 分析②	・分析に入る。表にする，グラフにする，など小・中学校の学習課程に出てきている統計手法も使ってみるよう勧める。それだけでもデータの示す傾向がつかめたり，次にどのような分析手法を行うかの判断材料にもなる。しかし，できるだけ助言は避け，試行錯誤しながら，ひとまず結論らしいものが出るまで，分析をさせるようにする。作業が途中の場合は，家庭学習や放課後を利用して続きを行い，次回までに，レポートを作成してくるように指示する。
[第8時] 8. 結果をまとめる。	・それぞれ，結果を発表し合う。意見交換を通じて，面白い関係やさらなる課題について検討する。 ・レポートを提出する。

□学習活動例

多くのグラフや統計的分析を行った結果をまとめたレポートが提出されたが，紙面の関係上，その一部を紹介する。

(1) 次頁の図1のグラフは，結婚相談所のデータから，夫婦の離婚率とその原因について調べた生徒が作成したものの一部である。この生徒は，離婚原因について多数調べていて，どのグラフもほぼ40歳代から50歳代にグラフが交差していることを見つけている。そのことから，「40歳代〜50歳代にかけて，夫婦の価値観が何らかの原因によって入れ替わっているのではない

か」という仮説を立てて，さらに重回帰分析などを用いて分析をしている。しかし，入手できるデータには限りがあり，原因を絞ってきたものの有意な分析結果が得られなかった。自分で必要なデータをアンケートなどで調査できれば，先へ進めたかもしれない。

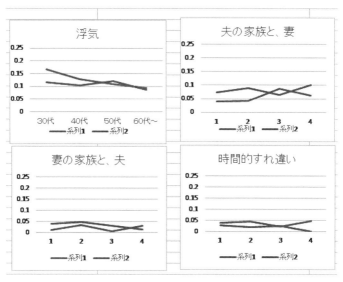

図1　折れ線グラフ

(2) 右の<u>2つの表</u>は，東京23区の犯罪率について調べた生徒が作成したものである。表2－1では，23区のH27年とH26年の各区の犯罪率の相関を調べている。その値は，約0.99と非常に高く，犯罪に抑止力が働いているのか疑問に思ったようである。そこで表1－2，各区の交番・駐在所数と犯罪率との相関を調べている。この相関が，かなり低くしかも負の値になっているこ

表1－1　H26, H27の犯罪率の相関係数

	H27	H26
H27	1	
H26	0.990422	1

H27に犯罪率の高い区はH26も高い！

表1－2　犯罪率と交番駐在所数との相関係数

	犯罪率	交番・駐在所数
犯罪率	1	
交番・駐在所数	-0.08999478	1

とに驚いたとのことである。さらに調べてみると，交番・駐在所の数は，犯罪率によって設置されるのではなく，その地域の人口によって設置されることがわかった。犯罪率に合わせて，交番・駐在所を設置すれば，犯罪の抑止力となるのではないかというところまできたが，そこから先のシミュレーション的推測は難しく，回帰分析を利用して犯罪の原因となる他の要因を探ってみることにしたが，これといって有力な要因は見つからず，ニュースなどから推測して，外国人居住者数と関係があるのではないか，という仮説を立ててみたが有意な相関はなかった。交番・設置数の増加と犯罪率の増減に関するデータがあれば，犯罪率と交番の関係について新しい提案ができたかもしれない。

(3) 下のグラフ図2及び表2は，自殺者数とその原因について調べたものである。横軸に全自殺者数，縦軸にその問題が原因となった自殺者数をとって（反対に軸を取った方が良い気もするが，生徒の自発性を尊重した），年代別の自殺者数の散布図を作り，単回帰分析による回帰直線をあてはめ，その後，重回帰分析を行ったものである。この分析結果からすると，自殺の原因は，ほぼ家庭問題にあるといえる。単回帰と重回帰ともに家庭問題がかなり強く関係していることを示している。興味深いのは，2番目に関係している要因である。単回帰の場合は，経済問題を指しているが，重回帰では，学校問題を指している。これは，単回帰の場合，生徒も気づいている通り，年代に偏りが在ってこれを全体の総数から説明しようとしたため，無理が生じているものと考えられる。重回帰分析の決定係数が約0.99とかなり高値であるので，上手く説明できているはずである。したがって，重回帰分析の方を信用した方が良いようである。このように，複数の分析法を用いて多角的に検討することが，大切である。一つの方法での結果をうのみにすると思わぬ落とし穴に落ちるかもしれないからである。

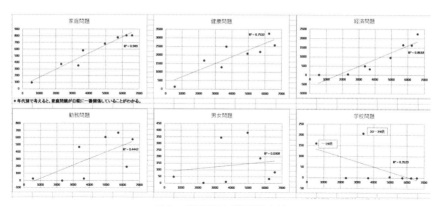

図2　散布図と単回帰直線

表2　重回帰分析表

概要			分散分析表					
回帰統計				自由度	変動	分散	観測された分散比	有意 F
重相関 R	0.999981955		回帰	6	30493812.34	5082302.056	4618.008534	0.011263672
重決定 R2	0.999963911		残差	1	1100.539771	1100.539771		
補正 R2	0.999747375		合計	7	30494912.88			
標準誤差	33.17438426							
観測数	8							
	係数	標準誤差	t	P-値	下限 95%	上限 95%		
切片	191.2301772	110.7380355	1.726869871	0.334159759	-1215.829974	1598.290329		
家庭問題	0.019893263	0.602761075	0.033003563	0.978996903	-7.638912362	7.678698889		
健康問題	1.213869214	0.097314661	12.47365198	0.05092824	-0.022630793	2.450369221		
経済問題	1.073584607	0.076028891	14.12074531	0.045008865	0.107545951	2.039623263		
勤務問題	1.241364161	0.26625114	4.662380651	0.134506086	-2.141677329	4.624405651		
男女問題	1.052690263	0.314080761	3.351654712	0.184588929	-2.938084192	5.043464717		
学校問題	0.456731489	0.490320825	0.931495188	0.522569689	-5.773385297	6.686848275		

■授業を振り返って

この授業での利点は次の通りであった。
・既習事項を用いて，統計学的な学習の総まとめができる。
・自ら現実的問題を見つけ，統計的に処理をして，その結果を基に考察，さらに新たな問題をみつけて取り組んでいく姿勢が自然と発生し，PPDAC サイクルを実践する格好の機会となった。
・複数の統計的処理ができることで，複数の手法で違った結論が生じた場合，各統計手法の一長一短を学べて，適切な手法を選択する練習になる。
・小学校，中学校での既習事項，単に，表やグラフを作ることだけでも分

析は，十分できることを再認識する機会が得られる。

また，反省点は，次の通りである。

・自分でデータを取るわけではないので，自分の課題を解決するのにふさわしいデータが手に入らないという壁にぶつかってしまうことがある。
・高度な統計手法には，やはり背景にある理論面をもう少し深めないと誤解や誤用をしてしまう可能性が高くなる。
・教師もコンピュータの操作，特に Excel の操作に習熟していないと，生徒の操作に関する質問に答えられなくなってしまう（この授業では，情報科の教員や情報専門の大学院生にお手伝いを依頼した）。

統計学の学習において，高等学校までの数学で，理論面を深く学ぶことは困難である。しかし，統計手法を使うことは，コンピュータを活用すれば可能である。今回の授業を通して，多少荒削りが過ぎる統計手法の指導であったが，使いながら，試行錯誤していく授業の方が生徒の意欲が高まるようであった。当初予定していたものより，興味深いレポートが作成できたと思う。

(三橋一行)

■異校種から見て

小中学校で生徒が経験してきた統計的な問題解決に比べ，問題が多様でダイナミックである。このような活動を実行できる生徒を育てるには，小中学校でも，仮説を多様に考えさせて自分事として解決する機会を設ける必要があると強く感じる。　　**(附属小学校　岡田紘子，附属中学校　藤原大樹)**

高等学校から大学等へ

■高等学校での学び

　高等学校では，小・中学校で学んだ既習事項の上に，数学Ⅰで，散布図や相関係数について学び，数学Bでは，確率変数とその分布，二項分布，正規分布，二項分布の正規近似，母集団と標本調査，統計的推定について学ぶ。

　中学校までの実践的な取り扱いから理論的な取り扱いになるため，確率変数の定義からはじまり，相対度数分布表をさらに進めて確率分布を導入して，確率を面積で表すことを学ぶ。さらに，事象が，「起こる，起こらない」の二択から生じる二項分布が，ある条件を満たすと正規分布に近似できることを学び，それまでの知識を総合して，統計的推定を学ぶ。後半部分に関しては，厳密にやると高校数学を超える内容になるので，詳しいことは大学での学びに譲らねばならない。また，統計学のみを学習するなら，使い方のみを学習するという方法も悪くはない。　しかし，数学科で統計学を教えるのであれば，数学教育の一つとして統計学を学ばせたい。数学的な統計学，あえて数理統計学と呼ぶことにすると，数理統計学の世界は，数学の応用の塊である。特に，微分積分やベクトルの応用である。数学理論がなぜ，こんなにうまく統計の世界を説明できるのか，不思議を通り越して感動すら覚えるだろう。逆転の発想をすれば，数理統計学を学ぶということは，高校数学のかなり広い部分とそのさきの数学まで学ぶことも可能となるのである。

■大学等での学び

　大学等での学びについては，学部，学科での専攻内容や，学士課程か，修士課程かなどによってそれぞれ統計学の重要度が異なるため様々な学習レベルや学習内容が存在するであろう。記述統計で，データの表現の復習をして，確率の話から，確率変数，確率分布，推定，検定，回帰分析，分散分

析，因子分析，実験計画法，クラスター分析，パス解析などコンピュータの活用と合わせて高校段階をもとにさらに深く学ぶことになっていく。理系であれば，数理統計学の側面から，大学の教養課程で学んだ数学を用いることになる。また，統計学は帰納的推論を行う学問であるが，数学は演繹法によって組み立てられた抽象論理体系である。したがって，統計学を深く学ぶには，強固な論理力が必要である。数理統計を学ぶ際にこの演繹法と帰納法のせめぎ合いをしっかりと見つめていかなければならない。さらに，「統計学は，確率という言葉で語られている」といわれるように確率の分野とも深い関わりをもっている。確率と統計のつながりも大学での勉強で一層深まるのである。

■接続にあたって

　大学等で統計学を本格的に学ぶ前に，統計学と数学との関連を学習しておくと，今後の勉強に役立つのではないかと思われる。例えば，相関係数である。一見して，共分散を2つの標準偏差の積で除しただけの式であるが，2つのベクトルの内積である。データ数がnならば，n次元のベクトルとなるので，高校では教えないが，そう解釈すると，内積の理解にも相関係数の公式の記憶にも役立つものである。また，ヒストグラムは，積分で学ぶ「区分求積」で登場する短冊形の集まりだと解釈できる。n→∞の極限を取ることで，面積が収束するのと同時に，ヒストグラムであらわされた離散型分布は連続型分布へと収束していく。この作業で，ヒストグラム1本が示す相対度数は，確率密度へと近づいていく。こう考えれば，確率密度関数の意味も分かり，累積相対度数分布表が，将来の分布関数になることも見えてくるはずである。さらに，n次元ベクトルの内積を用いれば，和の記号Σを用いずに，式を表現できることが可能となり，線形代数学の話に乗せて統計学の数量間関係を「構造模型」として幾何学的に解釈することも可能である。因みに，重回帰分析の最小二乗推定は，三平方の定理，もしくは三垂線の定理と同値であることが示されている。

（三橋一行）

コラム　グローバル人材と統計教育

　「グローバル人材」とは，どのような資質・能力を身につけた人材なのだろうか。文部科学省は 2014 年度より「高等学校等におけるグローバル・リーダー育成に資する教育を通して，生徒の社会課題に対する関心と深い教養，コミュニケーション能力，問題解決力の国際的素養を身に付け，将来，国際的に活躍できるグローバル・リーダーの育成を図ること（スーパーグローバルハイスクール構想の概要より）」を目的として「スーパーグローバルハイスクール（SGH）」事業を実施している。この研究開発の中核として「課題研究」が位置づけられている。

　本校の生徒も，SGH 事業における探究的な学習として，各自でテーマを設定し課題探究型学習に取組んでいる。SGH 指定初年度，生徒たちはそれぞれのテーマに沿って，企業や国際機関などに聞き取り調査をしたり，海外の生徒とテーマについて英語でディスカッションをしたりするなどの能動的な活動を通じて課題解決策を考え，最後のまとめとなる論文を作成した。ところが，生徒から提出されてきた論文の中に，数値を根拠に論じているものは予想以上に少なかったのである。「データを用いて説得力のある結論を導くこと」の重要性を伝え，データを用いた課題解決のサイクルを繰り返し体験させ，学んだことを活用できるようにすることが必要であると痛感した。

　グローバルで予測不能な社会に対応できる力の育成を目指してまとめられた「21 世紀型スキル」の中でも「課題解決力」は特に重視すべき能力の 1 つとされている。これに「協働」をプラスした「協働して課題解決する力」は，グローバルな社会において，異なる背景をもつ人たちが多面的・多角的にものごとを捉えながら，お互いが納得する結論を導き出すために必要不可欠である。そのための 1 つの方法が統計の活用である。必要なデータを集

め，データを正しく読み取り，それを根拠として意思決定をしていく。

　前述の論文での反省を受けて，翌年，統計学の権威である慶応大学 渡辺美智子教授をお招きして「統計を用いた課題解決」というテーマで生徒対象に特別授業をしていただいた。社会でどのように統計学が生かされているか，統計を用いた問題解決の手法（PPDAC）について実践例を交えながらレクチャーを受けたことで，生徒たちは「統計を生かす」ことのイメージが持てたようであった。さらに，数学Ⅰ「データの分析」の授業の中で，生徒が必要なデータを自分たちで集め，それを課題解決に利用し結論付けるというPPDACサイクルを実際に体験させた。数学の授業内だけなく他教科でも，データを根拠にディスカッションしたりや意見をまとめたりする授業を行うことで，徐々にではあるが，生徒が「データ」を意識するようになってきており，論文の中にも表やグラフを用いているものが増えた。

　学習指導要領の改訂において，主体的・対話的で深い学び（「アクティブ・ラーニング」）の視点からの学習過程の改善の方向性が示されている。統計学習においても，従来の「教科書の内容を理解して，与えられた問題を解く」という学習にとどまらず，知識や技能を課題解決に生かすような場を設定し，個人さらにグループ活動を通じて，試行錯誤させることが必要であるようだ。学校教育の中で児童生徒たちに「学んだことを用いると，どんなことができるのか」を示し体験させていくことで，今後，科学技術がますます発展し「シンギュラリティ（人工知能が人間の能力を超える）」といわれる時代を迎えても，必要な情報を活用し新たな課題に立ち向かうことができる人材の育成に貢献できるのではないかと考える。

（阿部真由美）

おわりに

　今日の高度情報通信社会において，社会生活の様々な場面において統計的思考力の重要性が一層高まっている。私たち小・中・高等学校の算数・数学教育に関わっている者から見ても，児童生徒にとって統計は算数・数学の有用性を一層実感できる学習内容であると考えている。

　ともすると，数学は正解がただ一つである事柄について，その正解を求めようとしていると考えられがちである。しかしながら，数学教育における統計や確率の学習を通して児童生徒に身に付けてもらいたい資質・能力は，正解とは言い切れないかもしれないが，得られたデータから「これこれを結論とすることが最適である」と判断できる力と考えている。すなわち，「Dデータの活用」領域での学習活動は，自分は文系志望だからこの先ずっと数学は関係ないだとか，自分は理系人間だから数学はいつか自然にできるようになるだろうとかといったことではなく，社会生活で批判的思考に基づいて総合的な判断力を発揮するために，すべての市民にとって経験として必要である。家庭や職業での生活などで，目的に応じて様々な情報を収集・加工しまとめ，それらをもとに結論を出して主張したり，他者のそれを解釈したりするために，統計的問題解決が必須である。

　本書がお読みいただいた皆様の日々の授業実践，教育研究に少しでもヒントになると同時に，繰り返しなるが，子どもたち一人ひとりが思慮深く自立した豊かな社会生活を送れるようになる一助になれれば幸いである。

（加々美勝久）

参考文献一覧

- 青山和裕（2017）.「統計的探究プロセスの授業化に向けた一考察」,日本科学教育学会年会論文集41, pp.157-160.
- 石村園子（2006）.やさしくまなべる統計学,共立出版.
- 大内広之,藤原大樹,石原理佳（2014）「統計的思考力の育成を目指した指導と評価（4）」,日本数学教育学会誌第96巻臨時増刊,p.276.
- 大塚みずほ（2016）.「確率の概念形成に向けた授業づくり 世の中の様々な『確率』を分類する授業を通して」,日本数学教育学会誌第98巻臨時増刊,p.370.
- 大村平（2002）.統計のはなし.改訂版,日科技連出版社.
- お茶の水児童教育研究会（2009）.思考力・表現力を育てる算数学習.
- お茶の水女子大学附属小学校・NPO法人お茶の水児童教育研究会（2017）.第79回教育実践指導研究会発表要綱,pp.21, p.128.
- 景山三平（2011）.「小・中・高等学校における統計教育の課題」.広島工業大学紀要教育編10, pp.37-43.
- 柏木吉基（2013）.データ・統計分析ができる本,日本実業出版社.
- 楠見孝,道田泰司（2015）.ワードマップ批判的思考,新曜社.
- 楠見孝（2013）.「良き市民のための批判的思考」,心理学ワールド61, pp.5-8.
- 楠見孝,道田泰司（2011）.批判的思考力を育む,有斐閣.
- 国際連合. Population Division（世界の推計人口）サイト. http://www.un.org/en/development/desa/population, （参照 2017-09-01）.
- 国土交通省気象庁. 2017年9月 最高気温・最低気温データ. http://www.data.jma.go.jp/obd/stats/etrn/view/monthly_s3.php?prec_no=44&block_no=47662.
- 佐和隆光（1979）.回帰分析.朝倉書店.
- 塩澤友樹,柗元新一郎,川上貴,藤原大樹,細矢和博（2016）.「中等教育段階における生徒の統計的思考力の現状と課題（2）」,日本数学教育学会誌第98巻第9号, pp.4-14.
- 白石修二（2012）.例題で学ぶExcel統計入門.第2版,森北出版.
- 総務省統計局.統計局ホームページ. http://www.stat.go.jp/index.htm, （参照 2017-09-11）.
- 総務省統計局.統計データ 世界の統計2016, http://www.stat.go.jp/data/sekai/ （参照 2017-01-26）.
- 総務省統計局. なるほど統計学園高等部. http://www.stat.go.jp/koukou/howto/process/index.htm, （参照 2017-07-31）.
- 中央教育審議会初等中等教育分科会教育課程部会算数・数学ワーキンググループ（2016）.算数・数学ワーキンググループにおける審議のとりまとめ. http://www.mext.go.jp/b_menu/shingi/chukyo/chukyo3/073/sonota/__icsFiles/afieldfile/2016/09/12/1376993.pdf. （参照 2017-11-10）.
- 中央教育審議会初等中等教育分科会教育課程部会幼児教育部会（2016）.幼児教育部会における審議の取りまとめ. pp.4-5.
- 統計関連学会連合理事会及び同統計教育推進委員会（2010）.統計学分野の教育課程編成上の参照基準, p.3.
- 西村圭一,酒折文武,竹内光悦（2012）.知っておきたい 統計学の基礎,東京書籍.
- ニュートンプレス（2014）.Newton別冊 統計と確率ケーススタディ30.

- 藤本壱（2016）．Excel でできるらくらく統計解析，自由国民社．
- 藤原大樹（2017a）．「新たな統計的知識獲得の学習における批判的思考の意義」，日本数学教育学会秋期研究大会発表収録，pp.345-348．
- 藤原大樹（2017b）．「統計的思考力の育成を目指した単元指導と評価（7）」，日本数学教育学会第 99 巻臨時増刊，p.332．
- 藤原大樹（2016）．「問いの進展を重視して単元をつくる」．数学的活動の再考．池田敏和，藤原大樹，pp.133-137．
- 藤原大樹，松元新一郎，川上貴，細矢和博，塩澤友樹（2015）．「中等教育段階における生徒の統計的思考力の現状と課題」，日本数学教育学会誌第 97 巻第 7 号, pp.2-12．
- 藤原大樹（2014）．「統計的思考力の育成を目指した単元指導と評価（5）」，日本数学教育学会誌第 96 号臨時増刊，p.277．
- 藤原大樹（2012a）．統計的問題解決過程の主体的な進展を目指した『のの字テスト』の授業の試み．第 45 回数学教育論文発表会論文集．pp.311-314．
- 藤原大樹（2012b）．統計的思考力の育成を目指した単元指導と評価，日本数学教育学会誌第 94 巻臨時増刊，p.348．
- 藤原大樹（2011）．「第 93 回算数・数学教育研究（神奈川）大会公開授業 Ruler Catch」，日本数学教育学会誌第 93 巻臨時増刊，pp.252-253．
- 真島秀行（2005）．「油分け算についていくつかの注意」．教育科学数学教育．2005 年 8 月号，pp.69-73．
- 松嵜昭雄，金本良通，大根田裕，青山和裕，細水保宏，青木猛正，川上貴，中本信子，矢野一幸（2014）．「新教育課程編成に向けた系統的な統計指導の提言」，日本数学教育学会誌第 9 巻第 2 号，pp.11-21．
- 松元新一郎（2017）．「数学教育の統計指導における批判的思考」．日本科学教育学会年会論文集 41，pp.167-170．
- 松元新一郎，久保良宏，熊倉啓之，青山和裕（2016）．「高等学校数学Ⅰ「データの分析」の指導に関する教師調査の分析」，静岡大学教育学部研究報告教科教育学編48, pp.147-160．
- 森下佳子（2017）．NHK 大河ドラマ：おんな城主 直虎．NHK, 2017-10-29．（テレビ番組）
- 文部科学省（2017a）．小学校学習指導要領．[※1]
- 文部科学省（2017b）．中学校学習指導要領．[※1]
- 文部科学省（2017c）．小学校学習指導要領解説 算数編．[※1]
- 文部科学省（2017d）．中学校学習指導要領解説 数学編．[※1]
- 文部科学省（2009）．高等学校学習指導要領解説 数学編 理数編．
- 文部科学省（2008）．中学校学習指導要領．
- 渡辺美智子（2013）．「知識基盤社会における統計教育の新しい枠組み」，日本統計学会誌第 42 巻第 2 号，pp.253-271．
- 渡辺美智子，神田智弘（2008）．実践ワークショップ Excel 徹底活用 統計データ分析．改訂新版，秀和システム．
- 渡辺美智子（2007）．「統計教育の新しい枠組み」，数学教育学会誌第 48 巻第 3・4 号, pp.39-51．
- Wild, C. J.；Pfannkuch, M.（1999）．Statistical thinking in empirical enquiry, International Statistical Review, 67(3), pp.223-265．

※1　執筆時点（平成 30 年 2 月 7 日）に文部科学省 Web ページ掲載のものを参照

執筆者一覧

お茶の水女子大学附属学校園　連携研究 算数・数学部会

[お茶の水女子大学]

真島　秀行　　（理学部教授，元副学長，元附属中学校校長）

加々美　勝久　（理系女性教育開発共同機構准教授，元附属中学校副校長）

雨宮　敏子　　（理系女性教育開発共同機構助教）

[お茶の水女子大学附属小学校]

神戸　佳子　　（副校長）

榎本　明彦　　（元教諭）

岡田　紘子　　（教諭）

落合　菜々子　（教諭）

河合　紗由利　（教諭）

久下谷　明　　（教諭）

戸張　純男　　（教諭）

冨田　京子　　（教諭）

[お茶の水女子大学附属中学校]

大塚　みずほ　（教諭）

藤原　大樹　　（教諭）

松本　純一　　（教諭）

[お茶の水女子大学附属高等学校]

阿部　真由美　（教諭）

十九浦　美里　（教諭）

三橋　一行　　（教諭）

「データの活用」の授業
小中高の体系的指導で育てる統計的問題解決力

2018（平成30）年2月22日　初版第1刷発行

編著者：お茶の水女子大学附属学校園
　　　　連携研究算数・数学部会
発行者：錦織圭之介
発行所：株式会社 東洋館出版社
　　　　〒113-0021　東京都文京区本駒込5丁目16番7号
　　　　営業部　電話：03-3823-9206
　　　　　　　　FAX：03-3823-9208
　　　　編集部　電話：03-3823-9207
　　　　　　　　FAX：03-3823-9209
　　　　振　替　00180-7-96823
　　　　URL　http://www.toyokan.co.jp

装　丁：宮澤新一（藤原印刷株式会社）
印刷・製本：藤原印刷株式会社

ISBN978-4-491-03458-4
Printed in Japan

JCOPY ＜（社）出版者著作権管理機構 委託出版物＞
本書の無断複写は著作権法上での例外を除き禁じられています。複写される場合は、そのつど事前に、（社）出版者著作権管理機構（電話 03-3513-6969、FAX 03-3513-6979、e-mail: info@jcopy.or.jp）の許諾を得てください。